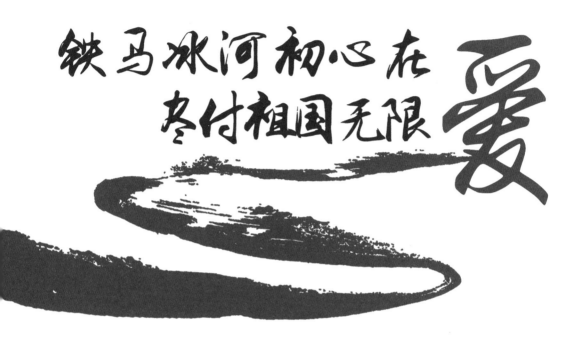

北京理工大学图书馆宣传科学家精神集锦

（第一辑）

金军　主编

北京理工大学出版社
BEIJING INSTITUTE OF TECHNOLOGY PRESS

版权专有 侵权必究

图书在版编目（CIP）数据

铁马冰河初心在 尽付祖国无限爱：北京理工大学图书馆宣传科学家精神集锦. 第一辑 / 金军主编. — 北京：北京理工大学出版社，2022.11
ISBN 978-7-5763-1819-7

Ⅰ. ①铁… Ⅱ. ①金… Ⅲ. ①科学家-生平事迹-中国-现代 Ⅳ. ①K826.16

中国版本图书馆 CIP 数据核字（2022）第222957号

出版发行 / 北京理工大学出版社有限责任公司
社　　址 / 北京市海淀区中关村南大街5号
邮　　编 / 100081
电　　话 /（010）68914775（办公室）
　　　　　（010）82562903（教材售后服务热线）
　　　　　（010）68944723（其他图书服务热线）
网　　址 / http：//www.bitpress.com.cn
经　　销 / 全国各地新华书店
印　　刷 / 三河市华骏印务包装有限公司
开　　本 / 710毫米×1000毫米　1/16
印　　张 / 17.5　　　　　　　　　　　　　　责任编辑 / 王晓莉
字　　数 / 218千字　　　　　　　　　　　　文案编辑 / 王晓莉
版　　次 / 2022年11月第1版　2022年11月第1次印刷　　责任校对 / 周瑞红
定　　价 / 96.00元　　　　　　　　　　　　责任印制 / 李志强

图书出现印装质量问题，请拨打售后服务热线，本社负责调换

编辑委员会

主　　　编：金　军
常务副主编：吕瑞花　韩　露
编　　　委：王彦煜　王传超　高文静　杨志宏
　　　　　　姚文莉　吕　娜　王　飒　陈　雁
　　　　　　马　丽　高天平　王　洁　刘云飞
　　　　　　杨露璐　陶　萍

序 言

"敬教劝学,建国之大本;兴贤育才,为政之先务。"多年来,北京理工大学图书馆利用老科学家学术成长资料采集工程馆藏策划开展了科学家精神宣传,担负了高校图书馆立德树人的职能。

2019年6月中共中央印发了《关于进一步弘扬科学家精神加强作风和学风建设的意见》,指出:坚持党的领导,提高政治站位,强化政治引领,把党的领导贯穿到科技工作全过程,筑牢科技界共同思想基础。自觉践行、大力弘扬新时代科学家精神,包括:大力弘扬胸怀祖国、服务人民的爱国精神;大力弘扬勇攀高峰、敢为人先的创新精神;大力弘扬追求真理、严谨治学的求实精神;大力弘扬淡泊名利、潜心研究的奉献精神;大力弘扬集智攻关、团结协作的协同精神;大力弘扬甘为人梯、奖掖后学的育人精神。科学家精神是科技工作者在长期科学实践中积累的宝贵精神财富。中华人民共和国成立以来,广大科技工作者在祖国大地上树立起一座座科技创新的丰碑,也铸就了独特的精神气质。一是爱国精神。中国科技事业取得的历史性成就,是一代又一代矢志报国的科学家前赴后继、接续奋斗的结果。从李四光、钱学森、钱三强、邓稼先等一大批老一辈科学家,到陈景润、黄大年、南仁东等一大批中华人民共和国成立后成长起来的杰出科学家,都是爱国科学家的典范。二是创新精神。原始创新要有创造性思辨的能力、严格求证的方法,不迷信学术权威,不盲从既有学说,敢于大胆质疑,认真实证,不断试验。因此,北京理工大学图书馆以馆藏为依托向大学生宣传老科学家勇于探索、献身科学的生动事迹，使他们更多了解科学知识、掌握科学方法，不断形成一大批具备科学家精神潜质的青年群体。

2010年7月老科学家学术成长资料采集工程馆藏基地建立，根据国务院下发的《老科学家学术成长资料采集工程实施方案》，由中国科学技术协会主管并依托北京理工大学图书馆建设的中国老科学家主题资料存储基地，经过12年的积累，到目前为止馆藏基地共收藏了近500位科学家的包括口述、传记、证书、信件、手稿等15类珍贵文献和资料。在收集整理这些珍贵文献、资料的同时，馆藏基地一直非常重视研究利用这些文献信息资源，先后举办了"恰同学少年""矢志国防的北理人"和"党的事业就是我奋斗的方向"等一系列老科学家事迹展览。通过常年不断举办展览宣传，让更多人直观深入地了解老一辈科学家为中国科技进步所做出的卓越贡献，学习他们高尚的爱国品格。通过展览可以看到，老科学家们怀着深厚的爱国主义情怀，凭借深厚的学术造诣、宽广的科学视角，为祖国和人民做出了彪炳史册的重大贡献。通过展览还可以看到，老科学家都具有"先天下之忧而忧，后天下之乐而乐"的深厚情怀，祖国大地上一座座科技创新的丰碑，凝结着老科学家的心血和汗水，他们是"干惊天动地事，做隐姓埋名人"的民族英雄。

当今世界正经历百年未有之大变局，中国发展面临国内外环境发生深刻变化的局面，而"十四五"时期以及更长时期的发展对加快科技创新则提出了更为迫切的要求。国家科技创新力的根本源泉在于人才。"蒙以养正，圣功也。"北京理工大学作为中国共产党1940年在延安创办的第一所理工科大学、新中国第一所国防工业院校，学校始终传承"延安根、军工魂"红色基因，坚持走好"红色育人路"。持续地宣传老科学家精神推动了思政课的创新，不断增加了思政课的思想性、理论性、亲和力、针对性。宣传中突显政治的引导功能，以透彻的学理分析回应学生，以彻底的思想理论说服学生，用强大的真理引导学生。宣传中注重知识性，以满足学生对知识的渴求，加强价值观塑造,知识性和价值性互为表里。宣传中注重灌输和启发相统一,以馆员为主导,同时以学生为中心,发挥学生主观能动性,在实践中有情景讲述、集体研讨。这助力了北京理工大学扎根中国大地办大学的思想,探索了一条建设中国特色、世界一流大学的新路。

为了进一步宣传老科学家精神、讲述鲜为人知的科研报国故事,北京理工大学图书馆在以往宣传老科学家科研报国系列展览的基础上,补充了大量的史料,以图文并茂的形式展现给读者,也以此来表达对老一辈科学家的敬意。

目　录

第一部分
恰同学少年——科学家成长足迹展

第一章　巾帼豪情谱华章 ……………………………………………………003
第一节　何泽慧：小何才露尖尖角 ……………………………………… 004
　　一、院士家族　星火相承……………………………………………………004
　　二、投身物理　兵工救国……………………………………………………006
　　三、科学伴侣　琴瑟和鸣……………………………………………………008
第二节　张树政：在微生物中逐梦的"小孩儿" ……………………… 012
　　一、书香门第　耕读传家……………………………………………………012
　　二、才华初显　快乐学习……………………………………………………013
　　三、胸怀男儿志　走上化学路………………………………………………015
　　四、工业报国　与酶结缘……………………………………………………016
　　五、兴趣广泛　融会贯通……………………………………………………017

第二章　改天换地君自强 ……………………………………………………019
第一节　刘东生：一片丹心系黄土 ……………………………………… 020

一、家学渊源　重在教育···020

二、钟情自然　热爱运动···021

三、心仪地质　报效国家···022

四、野外考察出真知···023

第二节　顾诵芬：从航模爱好者到航空总设计师　　027

一、唯亭顾氏　书香世家···027

二、目睹空难　情定航空···028

三、排除万难　战鹰出世···029

第三节　蒋锡夔：沪上名门走出的爱国化学家　　033

一、家庭熏陶　以德为先···033

二、自我探索　广泛涉猎···034

三、化学报国　无悔青春···036

第二部分
矢志国防的北理工人——庆祝北京理工大学建校80周年

第一章　火炸药三杰··041

第一节　丁敬：待到山花烂漫时他在丛中笑　　042

一、幼年不幸丧父···043

二、少年辗转求学···043

三、浙大岁月　积极参加抗日活动·······································044

四、赴美留学　领导创建"留美科协"····································045

五、归国报效　选择华北大学工学院·····································047

六、荣获科技荣誉···049

七、研究发展二维爆轰及其测量技术·····································050

  八、平息黑火药发明权归属之争……051

  九、积极参加国际学术交流……052

  十、献身教育40余年……054

第二节　董海山：60年的执着初心——董海山与火炸药研究……056

  一、战火中的童年……056

  二、考入中国第一个火炸药班……057

  三、第一次独立完成炸药设计……058

  四、留学苏联　获得学位……059

  五、参加"142会战"，编写科技回忆录……060

  六、"文革"期间坚持科研……061

  七、低感、钝感炸药研究……062

  八、重返母校……063

  九、当选院士……063

第三节　徐更光：装填国防梦　缔造炸药传奇……065

  一、崇尚"勤耕苦读"的家庭……065

  二、动荡求学路……066

  三、从东北到北京的五年大学……067

  四、留校任教"师从"丁敬……068

  五、参与国家重大科研项目——"032工程"……069

  六、炸药中的常青树——8701高能炸药……071

  七、一生中获最高科研奖励的成果——"海萨尔"高能炸药……072

  八、兵工企业的知心朋友　工人自己的科学家……074

  九、学术思想……074

  十、一个艰难而又快乐的家庭……076

  十一、言传身教……077

第二章　雷达大师与枪王传奇 ··········· 079

第一节　毛二可：不畏浮云遮望眼　擎天铸网锁天戈 ······· 080
一、痴迷无线电的孩子 ··········· 081
二、重庆南开中学如鱼得水的学生 ··········· 082
三、大学不同凡响的毕业设计 ··········· 083
四、困难时刻挺身而出 ··········· 084
五、在漫漫科研征程上砥砺奋进 ··········· 086
六、历经磨难　不忘初心 ··········· 089
七、谦逊做人与冷静思考 ··········· 091

第二节　王越：无线电波下的家国梦 ··········· 094
一、胸怀家国成"越"名 ··········· 095
二、耀华学校的顽童 ··········· 095
三、心怀救国梦，着迷无线电 ··········· 097
四、上海求学，考取大连工学院 ··········· 097
五、奔赴张家口 ··········· 097
六、投身雷达事业 ··········· 098
七、评为两院院士 ··········· 101
八、投身教育 ··········· 102

第三节　朵英贤："中国95式枪族之父" ··········· 106
一、生性好动的"尕爷" ··········· 106
二、在黄河文化摇篮中茁壮成长 ··········· 107
三、如愿考入华北大学工学院 ··········· 108
四、研制67式机枪谱写华彩乐章 ··········· 110
五、磨难中不泯知识分子的良知 ··········· 112
六、改型87式自动步枪 ··········· 112
七、研制95式枪族成为一代"枪王" ··········· 113

八、当选中国工程院院士……………………………………………116
　　九、落叶归根　壮心不已……………………………………………116

第三章　共和国之恋……………………………………………………121
第一节　周立伟：电子光学世界里的不懈求解者……………………122
　　一、少年时代的记忆……………………………………………………122
　　二、难忘国立上海高机的岁月…………………………………………124
　　三、上海华通电机厂的技术革新能手…………………………………125
　　四、心怀军工报国梦报考北京工业学院………………………………126
　　五、浓墨重彩的留苏生涯………………………………………………128
　　六、创立宽束电子光学学派……………………………………………129
　　七、科研学术活动趣事…………………………………………………133
第二节　崔国良：再筑长城箭倚天……………………………………136
　　一、乱世坎坷求学路……………………………………………………137
　　二、奋斗不辍露头角……………………………………………………138
　　三、负使命师从"喀秋莎之父"…………………………………………139
　　四、投身零起点的事业…………………………………………………140
　　五、转战荒原立新功……………………………………………………142
　　六、天降大任战巨浪……………………………………………………144
　　七、志在万里　突破高能………………………………………………144
　　八、一切荣誉归于党……………………………………………………146
　　九、理想的升华…………………………………………………………147

第三部分
党的事业就是我的奋斗方向——科学家入党故事选粹

第一章　在白色恐怖中跟党走的人 ……………………………… 151

第一节　谷超豪：用革命和科学报国的红色数学家……………… 152
一、童年知国仇 …………………………………………… 152
二、14岁首次入党 ………………………………………… 154
三、在学运洪流中第二次入党 …………………………… 155
四、策反国民党雷达研究所 ……………………………… 158
五、在科学上为党建功 …………………………………… 159

第二节　彭士禄：父辈高举农奴戟　子辈承志建殊勋 ………… 164
一、伟大父母　满门英烈 ………………………………… 164
二、两度入狱的小政治犯 ………………………………… 166
三、回到党的怀抱 ………………………………………… 167
四、没有预备期的党员 …………………………………… 169
五、敢拍板的第一代核潜艇总设计师 …………………… 169
六、永远的激励 …………………………………………… 174

第三节　黄旭华：别梦依稀三十载　难言情愫对党说 ………… 178
一、忠勇仁义的父母 ……………………………………… 178
二、不平坦的少年求学之路 ……………………………… 179
三、在大学加入地下党 …………………………………… 180
四、党员转正时的铿锵誓言 ……………………………… 183
五、用生命和热血谱写《〇九战歌》 …………………… 183
六、"三哥的事，大家要理解" …………………………… 190

第四节　罗沛霖：党指引我努力奋斗…………………………… 195
一、与无线电结缘的少年 ………………………………… 195

二、好友钱学森的心底话……………………………………………196

三、奔赴延安………………………………………………………197

四、重庆"青科协"地下工作岁月………………………………199

五、受党委派去美国留学…………………………………………200

六、抢先一步　迅速回国…………………………………………200

七、再次申请入党…………………………………………………201

第二章　在"向现代科学进军"的旗帜下……………………205

第一节　陈子元：为共产主义事业贡献出我的一切力量……206

一、正直的父母……………………………………………………206

二、考入大夏大学与父亲做同学…………………………………207

三、参加进步学生活动……………………………………………208

四、隆重入党………………………………………………………210

五、中国核农学的重要开拓者……………………………………211

六、一个老共产党员的高尚情怀…………………………………214

第二节　吴孟超：与党和人民肝胆相照……………………216

一、"延安来电啦"…………………………………………………216

二、救治解放上海的解放军战士…………………………………217

三、19次递交入党申请书…………………………………………218

四、不断创造生命奇迹的人………………………………………219

五、推迟国家最高科技奖考核……………………………………223

六、一心向党、为党旗增辉的忠诚赤子…………………………223

七、天上有颗"吴孟超星"…………………………………………224

第三节　杨芙清：党的需要就是我的志愿…………………227

一、聪慧过人的江南才女…………………………………………227

二、在莫斯科大学聆听毛主席的教导……………………………229

三、计算机灵魂的设计大师 ··· 232

四、比尔·盖茨求见 ·· 234

五、在北大五四诗会上见到习主席 ··· 235

六、党的女儿永远听从党的召唤 ·· 236

第三章　在科学的春天里 ·· 241

第一节　蔡启瑞：用百岁人生践行入党誓言 ·· 242

一、与化学结缘 ·· 242

二、"我怀念你啊，祖国" ·· 242

三、自降职称第一人 ··· 244

四、20年等待入党，忠诚不移 ·· 244

五、在生死考验面前 ··· 247

六、三获国家自然科学奖 ·· 248

七、四次被评为全国劳动模范 ·· 248

八、两捐何梁何利奖金 ··· 249

九、两次骨折 ··· 250

十、一代大德　高山仰止 ·· 251

第二节　毛二可：党的事业就是我的奋斗方向 ······································ 254

一、战争阴影下的童年 ··· 254

二、第一份入党申请书 ··· 255

三、历经坎坷　不忘初心 ·· 256

四、科学的春天里再写入党申请书 ··· 257

五、终生难忘的一天 ··· 258

六、把一切献给祖国的雷达事业 ·· 259

结　语 ·· 264

第一部分

恰同学少年

——科学家成长足迹展

20世纪初,历史学家梁启超在《少年中国说》中,呼唤一个充满青春气息的中国,提出"少年强则国强"的企盼。百年来,在中华民族曲折前行、走向复兴的道路上,家国情怀与报国使命成为一代代青少年的成长主旋律。他们中的一部分,肩负起时代的责任,走向科学的园地,播撒梦想的种子,也印下奋斗的足迹。2018年12月,我们利用馆藏基地入藏的资料策划了"恰同学少年"科学家成长足迹展,以此展现科学家们独一无二的成才之路。让我们从他们的成长故事与教育经历中,品味天真好问的童年乐趣,感受各具特色的校园熏陶,了解乱世中坚持读书的执着,体会逆境中献身学术的勇气。

第一章
巾帼豪情谱华章

何泽慧和张树政是本次展览中的两位女科学家，她们不但都智慧超群，而且都有很强的独立自主意识和像男儿一样的自信。她们理想远大、志存高远，在民族危亡、国家贫弱的年代，从青年时代就树立了用科学救国的理想，几十年后，她们都在各自的领域里，成为一代杰出的女科学家。

第一节　何泽慧：小何才露尖尖角

我所希望于你们的是打好数理化的基础，学习马列主义毛泽东思想，锻炼身体，培养文学音乐美术方面的兴趣，使自己成为思想活跃，有干劲，有创新精神的青年。对女同学我还要说几句话：不要怕社会上的习惯势力，只要自己坚持奋斗，不断努力，一定能为祖国的繁荣富强和科学发展做出贡献的。

——何泽慧

一、院士家族　星火相承

核物理学家何泽慧1914年出生于江苏苏州，籍贯山西灵石。她的家族是中国最大的院士家族，家族成员中有何泽慧、钱三强、葛庭燧、王守武、王守觉、陆学善六位院士。外祖父王颂蔚曾任教于同文馆，是近代教育家蔡元培的恩师。大舅王季烈最早将"物理"作为physics的中译。同辈中的何怡

1925年在苏州留影

贞、王守竞、王淑贞、王明贞等人也在科研领域做出了杰出贡献。

1920年，何泽慧入读祖母王谢长达创办、三姨王季玉担任校长的苏州振华女校，在那里学习了12年。在这12年中，她深受家族家风熏陶。

何泽慧在振华女校就读期间全面发展。她参加了校女子排球队，球队获1931年江苏省运会女排比赛冠军。

1931年振华女子排球队合影。左一为何泽慧①

1932年刊登在中学毕业刊上的何泽慧的绘画作品《荷花》和《桃花》②

---

① 刘晓：《卷舒开合任天真 何泽慧传》，北京：中国科学技术出版社，2013年，第35页。
② 刘晓：《卷舒开合任天真 何泽慧传》，北京：中国科学技术出版社，2013年，第36页。

何泽慧在振华女校读书时书刻的级训"仁慈明敏"①

何泽慧在振华女校时的书法作品②　　何泽慧在振华女校时的竹刻作品

二、投身物理　兵工救国

何泽慧成长之时,正是民族危亡的时代。1931年日本侵略军登陆上海后,何泽慧在校刊中撰文表示,"静默地想办法救国、救同胞,才是现在中国人应有的态度"。这种科学救国理念贯穿于何泽慧的整个学术生涯。她曾在追忆

---

① 刘晓:《卷舒开合任天真 何泽慧传》,北京:中国科学技术出版社,2013年,第45页。
② 刘晓:《卷舒开合任天真 何泽慧传》,北京:中国科学技术出版社,2013年,第36页。

周培源的手稿中，回忆了在清华大学接受的"抓紧时间念好书才能救国"这样的思想。

在振华女校校刊发表的文章《日本陆战队若到了苏州我们应持怎样的态度》

她在1934年给大姐何怡贞的信中提出，只拿一张文凭"既不能报诸父母，又不能与社会国家以丝毫之功"；到柏林高等工业大学学习后，1937年9月3日，何泽慧又在给大姐何怡贞的信中说："我学的弹道学，也许兵工署就要来电报请我回去服务，不是中国兵发炮发不准吗？其实只要我一算，一定百发百中！他们不早些请我，不然日本兵早已退还三岛了。"表达出她用所学知识反抗侵略、报效国家的决心和对自己弹道学水平的信心。

1937年9月3日何泽慧致何怡贞的信

三、科学伴侣　琴瑟和鸣

何泽慧的另一个标签是"女科学家",特别是成长于民国时期的女科学家。1932年,她考入清华大学物理系时,时任系主任叶企孙不收女生,在何泽慧等人的据理力争下才妥协。她成为这一届学生中最终坚持到毕业的三位女生之一,其他同学还包括三位中科院首批学部委员:钱三强、王大珩、于光远(哲学社会科学学部)。

1935年在清华大学礼堂前

1936年清华大学物理系毕业照,前排右二为何泽慧,左一为王大珩,后排左一为钱三强①

博士学位照

1936年,何泽慧赴德国柏林高等工业大学就读弹道学专业,后获得工程博士学位。

1943年,何泽慧到德国海德堡威廉皇家学院核物理研究所工作,后发现正负电子几乎全部交换能量的弹性碰撞现象。

何泽慧和钱三强"夫妻院士"的美谈享誉中

---

① 刘晓:《卷舒开合任天真 何泽慧传》,北京:中国科学技术出版社,2013年,第64页。

外。两人毕业后在国外时重建了联系,何泽慧从德国来到法国,加入钱三强所在的约里奥–居里夫妇实验室。两人不仅是生活上的伴侣,更是科学上的合作伙伴,1946年共同发现了首例铀原子核四分裂径迹。

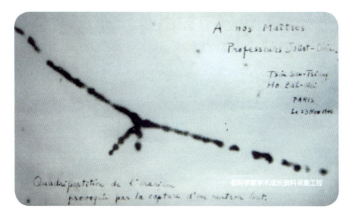

何泽慧夫妻1946年共同发现的首例铀原子核四分裂径迹。胶片上有题字"献给我们的导师约里奥–居里夫妇"①

何泽慧1947年在巴黎法兰西学院原子核化学实验室②

---

① 刘晓:《卷舒开合任天真 何泽慧传》,北京:中国科学技术出版社,2013年,第102页。
② 刘晓:《卷舒开合任天真 何泽慧传》,北京:中国科学技术出版社,2013年,第104页。

1946年在英国剑桥开物理讨论会时，与约里奥–居里夫人合影[①]

1947年与钱三强在巴黎合影

1948年6月与钱三强偕长女在回国的轮船甲板上

1948年，何泽慧回国参与组建北平研究院原子学研究所。

---

① 刘晓：《卷舒开合任天真 何泽慧传》，北京：中国科学技术出版社，2013年，第110页。

从1950年起,何泽慧先后在中科院物理所、原子能研究所、高能物理研究所工作,期间研制成功具有国际先进水平的原子核乳胶。

1973年2月,钱三强和何泽慧在共同讨论和撰写《原子能发现史话》一文

1980年,何泽慧当选为中科院学部委员。

1996年7月25日,何泽慧在高能所办公室工作照

何泽慧1984年12月给青年朋友写的寄语

第二节　张树政：在微生物中逐梦的"小孩儿"

在兴趣中探求自己，在幸福中寻求他人。

——张树政

一、书香门第　耕读传家

1922年10月22日，微生物生物化学家张树政出生于河北省束鹿县（现辛集市）双井村，具有天秤座为人热情、优雅，善于表达的特性。这位天真烂漫的科学家出身书香门第，在良好的家庭教育熏陶下长大。祖父张俊英是清朝最末一榜进士，追随康梁变法后东渡日本，在早稻田大学学习政法。父亲张云鹤曾就读于北

张树政（左一）四姐妹与三叔三婶合影①

---

① 程光胜：《梦想成真 张树政传》，上海：上海交通大学出版社，2013年，第10页。

京大学政治系,曾任中学及大学校长。兄妹7人中,不仅她成为科学家,两个妹妹张树榛和张树琪也是科学家。

二、才华初显　快乐学习

9岁时,张树政从河北来到北京,在国立北京女子师范大学附属第二小学校就读。当时校长认为农村转来的学生不能升级就读,只能降级插班。面对这样的规定,张树政的父亲要求学校先行测验,再做决定。张树政顺利通过学校的测试,直接升级上了三年级,这在当时成为学校的一大新闻。后来比她小15岁的妹妹进入同一学校读书时,被称为"小张树政",可见张树政在学校里的名气。

少年张树政[①]

小学时期的张树政便表现出了对生活与学习的热情。在家里,张树政与兄弟姐妹一起办了一本小期刊,起名为《新世界》,第二

《新世界》第二期封面和对封面插图的说明[②]

[①] 程光胜:《梦想成真　张树政传》,上海:上海交通大学出版社,2013年,第12页。
[②] 程光胜:《梦想成真　张树政传》,上海:上海交通大学出版社,2013年,第14页。

期由她全权负责,在封面,她亲手画上了彩色的蘑菇,似乎预示了张树政未来与微生物不可分离的缘分。

张树政在校期间不仅学习成绩优异,而且学校的各类活动也积极参加。

高一甲班讲演比赛10名获奖者合影。右一为张树政[①]

高一甲班《艺苗》周报编辑部的编辑合影。右一为张树政

---

① 程光胜:《梦想成真 张树政传》,上海:上海交通大学出版社,2013年,第11页。

三、胸怀男儿志　走上化学路

1941年，张树政考入燕京大学化学系。开学后不久，女部主任龚兰贞问她为什么学化学，她答道："中国贫弱，要发展工业才能富强，我将来要到化工厂工作。"龚兰贞告诉她，工厂不愿意聘用女工作人员，劝她转到家政系，张树政没有同意，她坚定地选择了化学专业，以发展工业、民族富强为己任，下决心去实现自己工业救国的梦想。

1942年1月在理学院日晷处留影

1942年秋与理学院"要好同学"合影。最高处为张树政

1943年在北大做实验。左为张树政

1951年张树政（左）在重工业部综合工业实验所做实验①

四、工业报国　与酶结缘

1955年，张树政等科研人员找来报废的汽车电瓶和发报机用的直流电源，做出了滤纸电泳仪。张树政的第一篇文章《霉菌淀粉酶的纸上电泳分离和鉴定》就是在"汽车电瓶电泳仪"分析的基础上发表的。作为微生物化学家，在以后的30多年时间里，张树政在白地霉糖代谢、红曲霉糖化酶结构与功能、糖苷酶和耐热酶等研究中均有新发现。由她创建并指导的研究集体完成的黑曲霉糖化酶应用研究，取得了重大的经济效益。

在微生物所做实验②

---

① 程光胜：《梦想成真 张树政传》，上海：上海交通大学出版社，2013年，第39页。
② 程光胜：《梦想成真 张树政传》，上海：上海交通大学出版社，2013年，第41页。

20世纪70年代在微生物所指导学生实验。右一为张树政

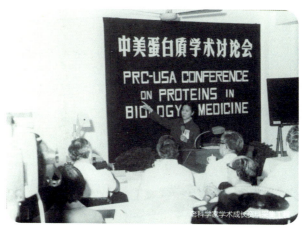

1981年5月在上海中美蛋白质学术讨论会大会发言

五、兴趣广泛　融会贯通

张树政不仅在科学研究领域勇攀高峰，而且有广泛的兴趣和爱好，她精通英语，俄语也达到专业水平。她还创作过数来宝、快板、话剧、歌词歌曲、朗诵剧等多种形式的文艺作品。张树政还曾是中科院女子篮球队副队长和女

子排球队队员,是一位德智体美劳全面发展的女性科学家。

20世纪50年代张树政当中科院排球队队员时在球场留影

1991年,张树政当选为中科院学部委员。

1995年1月,张树政在中关村实验室

第二章

改天换地君自强

在人生最难忘的童年和少年时光里，一次难忘的经历、一个有趣的爱好，就有可能决定自己未来人生道路的选择，甚至对国家的强盛都会产生重要的影响。

"黄土之父"刘东生，小时候父亲带他看了一场探险家到西康旅行的电影，银幕上山川大地的壮美开启了他探索大自然的好奇之心。带着这一份好奇心，他几十年不辞劳苦，踏遍了祖国的万水千山，取得的黄土沉积序列研究成果举世公认。

歼八飞机之父顾诵芬，7岁时目睹了日寇飞机飞过自家上空去轰炸附近的中国军队，于是产生了要设计飞机保卫祖国领空的想法。后来他设计的歼八飞机保卫祖国领空几十年。

爱国化学家蒋锡夔，22岁大学刚刚毕业时，他在日记中这样写道："我懂得将来的中国是需要怎样的工业人才，然而也懂得自身的气质是适合于怎样的一种生活方式，无论如何，他日为祖国人民服务，是已下决心了。"

"一寸丹心图报国！"

第一节　刘东生：一片丹心系黄土

在这次考察中,我到了黄土高原,找到了自己在第四纪中的研究方向——黄土环境的研究……每一次冲击都是一次逾越,每一次冲破的篱笆都比前一次高,这也使得我对黄土的认识有了进一步的提高和深入。

——刘东生

一、家学渊源　重在教育

1917年,地质学家刘东生出生在一个重视教育的铁路职工家庭。他的父亲刘辑五在奉天铁路沈阳皇姑屯站工作,会说英文,十分重视对子女的教育,同时也注重他们的身体锻炼。刘东生上小学前,已在家中通过字片认字。

母亲赵博直(左)和父亲刘辑五(右)

1919年在沈阳皇姑屯家门外　　1923年6岁时的刘东生

兄弟姐妹合影。左起：堂姐志贤、刘东生、二弟东来、妹妹桂荣、小弟东星

1924年，刘东生入奉天省立第二小学读书，除了接受课堂知识外，还在课外阅读父亲买的《小朋友》和《儿童世界》等课外书籍，曾在学馆学习了半年的古文，并苦练英语。

二、钟情自然　热爱运动

刘东生从小就对大自然充满了好奇心，他的家在皇姑屯，附近有大片野地，还有一条小河。夏天，他常和小伙伴下河摸鱼和蚌壳，还喜欢观察研究昆虫，阅读科学探险类书籍。1927年，父亲带他看了第一场电影，讲的是一个探险家到西康旅行的故事。电影中的雪山、藏族帐篷、牦牛等给年幼的刘东生留下了深刻的印象，开启了他探索大自然的好奇心。

在南开中学，他不仅是排球队主力队员，还是海鸥游泳队队员。1937年，刘东生从南开中学高中毕业。

1933年加入海鸥游泳队留影

三、心仪地质　报效国家

1938年，刘东生决心到昆明求学。7月，他从天津坐船到上海，转道香港，在香港放弃了父亲的朋友提供的留美机会，经越南西贡、河内到达昆明。8月，抱着"工业救国"的思想，他以南开中学毕业生的身份免试进入西南联合大学，听从父亲的话学习机械，不久后他感到"找矿对国家更有用"，遂转入地

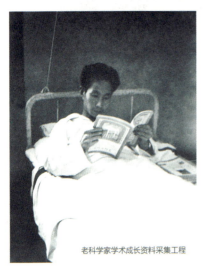

1942年，养病期间不忘学习

1946年在中央地质调查所时留影

质地理气象系学习地质。1946年,刘东生如愿被中央地质调查所录取,此后余生,他结合国家需要,潜心研究黄土,学术上取得了累累硕果。

四、野外考察出真知

作为一名地质科学家,刘东生经常外出考察,曾与家人分居两地10多年。在60余年的地质生涯中,他多次率队考察黄土高原、云贵高原,曾七上青藏高原,登上过希夏邦玛峰、托木尔峰等高山,74岁时他去过南极,79岁到过北极,87岁到过塔克拉玛干沙漠和南海。通过多年艰苦的野外考察,他带领团队确立和完善了黄土风成说,把黄土与底部红黏土的分界线时间从大约180万年提前到260万年,这一新的划分方案逐渐被国际同行公认,使中国的黄土剖面成为国际第四纪地层的标准剖面之一。他和同事们还从黄土中破译出许多古气候环境信息,使黄土沉积序列成为研究全球变化的三大支柱之一。他取得的科研成果举世公认。

1941年为毕业论文收集资料,在云南禄劝野外考察

1941年考察笔记中的云南阳宗海东北岸素描图

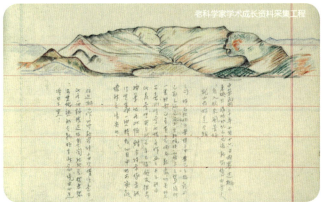

1942年考察笔记中的云南禄劝狮山向斜构造素描图

20世纪50年代与王克鲁（右）在黄土高原地区野外考察

1965年收集的古生物化石标本

1977年在托木尔峰科学考察

20世纪80年代采集的陕北洛川黄土标本

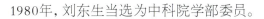

1980年,刘东生当选为中科院学部委员。

2002年,刘东生获国际最高环境科学成就奖——泰勒环境成就奖。

2003年，刘东生获国家最高科学技术奖。

耄耋之年登上青藏高原

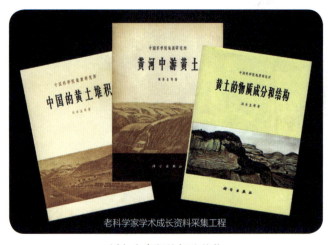

刘东生出版的部分著作

第二节　顾诵芬：从航模爱好者到航空总设计师

> 没有防空力量，将来受尽人家欺负，所以暗暗地下决心：我将来要搞飞机。
>
> ——顾诵芬

一、唯亭顾氏　书香世家

飞机空气动力学家顾诵芬1930年2月4日生于江苏苏州。顾诵芬的父亲顾廷龙是著名的国学大家，书法造诣颇深，曾任上海图书馆馆长、华东师范大学和复旦大学兼职教授等职务，家庭人文氛围浓厚。

在苏州家里，顾诵芬4岁扛枪留影①

顾诵芬（左）与哥哥在燕大职工宿舍院子里②

---

① 师元光：《顾诵芬传》，北京：航空工业出版社，2021年，第3页。
② 师元光：《顾诵芬传》，北京：航空工业出版社，2021年，第5页。

顾诵芬与父母亲在燕京大学校园内　　顾诵芬从小爱玩汽车、火车、坦克[①]

顾诵芬学骑自行车[②]

二、目睹空难　情定航空

1937年7月28日,顾诵芬亲眼看到日军轰炸机飞过自己家的上空,去轰炸

---

① 师元光:《顾诵芬传》,北京:航空工业出版社,2021年,第6页。
② 师元光:《顾诵芬传》,北京:航空工业出版社,2021年,第42页。

几公里外的北平西苑29军驻地,震耳欲聋的爆炸声将家里窗户的玻璃震得粉碎,爆炸的火光和浓烟看得清清楚楚,顾诵芬和家人吓得钻到了桌子下面。正是日本侵略者的炸弹,让幼小的顾诵芬产生了"我要设计飞机,保卫祖国的领空"和"要造出自己的飞机,才能不再受欺负"的想法。

比顾诵芬年长7岁的哥哥对顾诵芬的影响很大,哥哥把在学校里做好的硬纸板滑翔机带回家,和弟弟一起到空旷的地方放飞,天空中飞翔的模型飞机迷住了小顾诵芬,他以极大的兴趣和哥哥一起制作飞机,然后一起去放飞,从此萌生了对飞机和航空的热爱。

1939年7月,全家离开北平赴上海,顾诵芬入华龙小学读五年级。

10岁生日时,一位堂叔叔送给他一架用橡皮筋做动力的杆身航空模型小飞机,他非常喜欢。从此,他对飞机的喜爱一发不可收拾。

1941年9月,顾诵芬入上海私立育材中学读初中,学校设置有手工课,他开始自己动手制作航空、航海模型。

1941年小学毕业照①

1944年,顾诵芬就读于育群中学。

1945年育群中学停办后,顾诵芬入南洋模范中学读书。

三、排除万难 战鹰出世

1948年,顾诵芬就读于上海国立交通大学航空工程系。

1951年,顾诵芬毕业于上海交通大学航空工程系,他离开上海到北京

中学时期制作的航模

---

① 师元光:《顾诵芬传》,北京:航空工业出版社,2021年,第6页。

新组建的重工业部航空工业局工作。

1956年8月，顾诵芬在沈阳飞机厂飞机设计室担任气动组组长，负责飞机气动布局等工作。

1969年，顾诵芬设计的歼八首飞成功，但飞机在跨声速飞行时存在严重的抖震。为了搞清楚问题所在，顾诵芬不顾生命危险和他人劝阻，瞒着家人三次乘坐教练机紧随歼八飞行。他用望远镜观察情况，两机距离最近时只有十几米，顾诵芬不顾巨大的风险，最终发现了问题所在，并通过改进使问题顺利解决，歼八最终定型。

1951年大学毕业照[1]

1977顾诵芬（后排）乘歼六飞机升空进行故障调研，前排为飞行员鹿鸣东[2]

1978年，顾诵芬担任沈阳飞机设计研究所总设计师兼副所长，全面主持研究所技术工作。

---

[1] 师元光：《顾诵芬传》，北京：航空工业出版社，2021年，第88页。
[2] 师元光：《顾诵芬传》，北京：航空工业出版社，2021年，第11页。

1978年，顾诵芬（右）向歼八机试飞员鹿鸣东了解飞机飞行情况①

1981年，顾诵芬担任歼八Ⅱ型飞机总设计师，是新中国历史上第一位国家任命的型号总设计师。

研制歼八Ⅱ飞机，顾诵芬首次利用系统工程管理法，把飞机的各项专业技术综合优化于一个机型中。

1985年，歼八飞机获得国家科学技术进步奖特等奖，顾诵芬排名第一。

歼八Ⅱ飞机雄姿（1）

1991年，顾诵芬当选为中国科学院院士。

1994年，顾诵芬当选为中国工程院院士。

2001年，歼八Ⅱ飞机获得国家科学技术进步奖一等奖，证书上顾诵芬的名字还是排在了第一位。

---

① 师元光：《顾诵芬传》，北京：航空工业出版社，2021年，第11页。

歼八Ⅱ飞机雄姿（2）

2010年3月25日，顾诵芬在北京科技委办公室的工作照片

顾诵芬是共和国培养起来的两院院士，也是航空领域的唯一一位两院院士。他一生的工作，主要是从事飞机的气动力设计。主要代表作有《设计超音速高性能飞机中的一些气动力问题》《飞机操纵安定品质计算手册》及《飞机总体设计》等。

2021年，顾诵芬获得国家最高科学技术奖。

第三节　蒋锡夔：沪上名门走出的爱国化学家

> 在那辽远的天边有一颗明亮的星，它是我的理想，它永远照着我的命运。
>
> ——蒋锡夔

一、家庭熏陶　以德为先

物理有机化学家和有机氟化学家蒋锡夔1926年9月5日生于上海，祖上曾是南京首屈一指的富豪。蒋锡夔出生时，蒋家已经从南京迁居上海，也完成了由富商向书香门第的转变。父亲蒋国榜先生是一位爱

蒋锡夔童年照

蒋锡夔与父亲蒋国榜合影

国文人，母亲冯乌孝结婚前是一位教师，他们为小儿子取名"锡夔"，字"舜牧"，夔是尧舜时期的乐官，联系蒋锡夔的字"舜牧"，父母希望小儿子"谨慎乐观、仁慈有为"。蒋家是有10个子女的大家庭，蒋锡夔的父母非常注重对子女的教育，教育子女以德为本，每日"自省一日之行为"。

蒋锡夔和姐姐蒋群玉上学之前，父亲就为他们聘请了家庭教师，可见其对教育的重视。蒋锡夔入读的小学都是上海数一数二的名校，开设国文、算数、英文等多门课程。蒋锡夔从小学习成绩就非常优异。

蒋锡夔与姐姐蒋群玉合影

二、自我探索　广泛涉猎

蒋锡夔自小爱好广泛，乐于尝试，他喜欢音乐和运动，还喜欢画画，积攒了几大本画作，他的画非常生动有趣。小学时蒋锡夔喜欢阅读《三国》和《水浒》等小说，又非常善于思考。

蒋锡夔1935年的画作

蒋锡夔1935年画的轮船

蒋锡夔1940年画的小鸟

蒋锡夔1941年画的鸭子

1938年,蒋锡夔考入上海名校华童公学。在华童公学,除了国文和中国史外,其他的课程都是用中英文双语教学,华童公学的求学经历为蒋锡夔日后赴美留学奠定了坚实基础。

1938年年初蒋锡夔考入华童公学后留影

三、化学报国　无悔青春

高中阶段，蒋锡夔在圣约翰大学附中读书。1943年，蒋锡夔年满17岁，顺利进入圣约翰大学学习。蒋锡夔选择了化学专业作为自己的专业，自此走上科研之路。

1947年，蒋锡夔从上海圣约翰大学化学系毕业，被授予特等荣誉学士学位，因表现优异留校任助教。蒋锡夔当时最大的愿望是去美国留学，实现自己从事科研的理想，以报效祖国。他在1948年5月19日的日记中写道："我懂得将来的中国是需要怎样的工业人才，然而也懂得自身的气质是适合于怎样的一种生活方式，无论如何，他日为祖国人民服务，是已下决心了。"

1947年，蒋锡夔从上海圣约翰大学化学系毕业

1948年秋，蒋锡夔前往美国华盛顿大学化学系攻读博士学位，在美期

1949年在美国时留影

留学美国与朋友在一起。周同惠（左一），梁晓天（右二），蒋锡夔（右一）

间,他与同学梁晓天、林正仙、周同惠等结下了深厚的情谊。蒋锡夔在华盛顿大学化学系时成绩优异,博士论文受到了同行的高度评价,1952年7月他获得华盛顿大学博士学位。1955年年底,蒋锡夔克服重重阻挠返回阔别七年半的上海。

在美国凯劳格公司实验室做实验

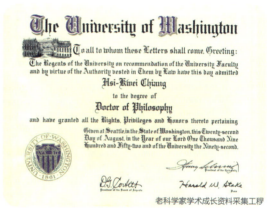

蒋锡夔华盛顿大学博士学位证书

2002年,蒋锡夔在上海有机所实验室工作照

回国后，蒋锡夔先后在中国科学院化学研究所和有机化学研究所工作，成为中国物理有机化学和有机氟化学的奠基人，1991年，蒋锡夔当选为中国科学院学部委员，2002年，获中国自然科学一等奖。

第二部分

矢志国防的北理工人
——庆祝北京理工大学建校80周年

从1940年中国共产党创办延安自然科学院起,北京理工大学已经走过了80年的光辉岁月。80年来,从延河之滨到塞北山城,从首都的三尺[①]讲台到前线的广阔天地,几代北理工人始终与党和国家同呼吸共命运,义无反顾地投身国防军工事业,不仅取得了举世瞩目的科技成就,还为我国国防事业的发展培养了大批后备人才,并在此过程中累积了足以激励来者的精神财富。"延安根、军工魂"铸就了北理工人的理想和信念,使得我校成为军工科学家的摇篮。80年来,在一批批矢志国防的北理工人中,有始终和学校一起成长奉献的教授,有兵器、电子、航空、航天等各个国防工业领域的领军人、建设者,他们以家国情怀砥砺前行,以科学技术报效人民。为表彰先进、激励来者,我们从中国科协"老科学家学术成长资料采集工程"的资料中,选取了8位与北理工相关的科学家,通过他们捐赠的珍贵资料,重温北理工80年军工路上的峥嵘岁月,弘扬老一代北理工人矢志国防、砥砺奋进的伟大精神。

---

① 1尺≈33.33厘米。

第一章

火炸药三杰

1950年10月，刚刚冲破重重阻力从美国回到祖国的丁敬，被华北大学工学院的红色背景所吸引，他怀着极大的热情来到这所学校，任化工系副教授。1952年1月，华北大学工学院改名为北京工业学院。为了加强国防工业建设，学校转型为我国第一所国防科技大学，化工系专业全部转为火炸药相关专业，丁敬负责筹建"弹药装药、火工与烟火技术"专业。

1951年，董海山考入华北大学工学院化工系，进入化一甲6511班学习。1952年，他的专业改为炸药制造专业，6511班成为新中国炸药专业的第一个班。

1953年，徐更光从沈阳东北兵工专门学校转为北京工业学院化工系火工品与装药专业的学生，成为丁敬的得意弟子。几十年后，他们都在兵器工业爆炸领域里为国家做出了重要贡献。

第一节 丁敬：待到山花烂漫时他在丛中笑

"当年回国完全是出于爱国，然而爱国绝不是抽象的，是需用实际行动来说明的。当然，有'得'就会有'失'。有些人看到的只是坎坷的道路、落伍的学业、清贫的生活，但作为一位炎黄子孙，我们把自己的聪明才智贡献给了国家，因此我们可以自豪地说：我们是爱国的。这就是我们最大的'得'。"

——丁敬

丁敬（1924.7.22—2013.2.17），爆炸力学和爆轰学家，江苏无锡人。1945年毕业于浙江大学化学系，1949—1950年分别于美国得克萨斯A&M大学化工系和布鲁克林理工学院化工系攻读硕士学位。1949年1月，丁敬和葛庭燧、侯祥麟、华罗庚等一同发起组织了"留美中国科学工作者协会"。1950年回国后在华北大学工学院任教。1952年，与同事一起筹建了弹药装药、火工与烟火技术专业，这是我国第一个弹药装药加工专业。1962年创建了北京工业学院力学工程系，担任第一任系主任。曾任北京工业学院副院长。先后获全国科学大会奖、国防科工委科技进步二等奖、国家发明三等奖等奖励。先后担任国务院学位委员会第一、二、三届工学学科评议组成员及兵器科学与技术学科组召集人，中国力学学会和中国兵工学会理事、常务理事、荣誉理事，中国兵工学会爆炸与安全技术专业委员会主任委员，中国劳动保护科学技术学会副理事长,中国工程物理研究院冲击波物理与爆轰波物理国防科技重点实验室学术委员会主任委员。

一、幼年不幸丧父

丁敬,1924年7月22日出生于江苏无锡。丁氏家族在无锡是一个有名望的大家族,丁敬的父亲丁祖庚得到家族资助考取了南京江南水师学堂,18岁毕业后进入海军,后追随孙中山先生加入同盟会。母亲冯淑的家族与荣氏家族是亲戚,其不但读过私塾,还被送到上海新式学堂读书,为当时不多见的知书达理的新女性。

丁敬与兄姐合影。左起依次为:丁敬、哥丁忱、大姐丁愉、二姐丁尉

1926年丁祖庚因患肺结核去世后,冯淑独自抚养子女四人读书求学,当时丁敬只有2岁。

二、少年辗转求学

丁敬成长的年代,正是中国最为动荡、艰难的年代。1937年全面抗日战争爆发,全家被迫离开家乡逃难,辗转武汉、天津、江西玉山、浙江金华等地。小小年纪的丁敬就经历了人生的困难和战争的残酷,感受到亡国的屈辱。这段辗转逃难的生活经历不仅磨炼了丁敬的意志品质,也对他的思想影响深远,是他一生追寻科学救国、富国强民、民族复兴的思想根源。

青少年时期的丁敬

丁敬四兄妹与母亲合影。前排母亲冯淑,后排左起依次为丁敬、二姐丁尉、哥丁忱、大姐丁愉

三、浙大岁月　积极参加抗日活动

1941年丁敬于金华中学高中毕业后,考取浙江大学工学院化工系,就读于龙泉分校。1943年到贵州湄潭浙江大学理学院攻读化学专业,受到了竺可桢、郑晓沧所倡导的浙大求是学风的熏陶。

1944年当选为湄潭学生自治会主席的丁敬组织开展了劳军活动,他担任副团长,组建学生战地服务团到前线去鼓舞士气,为士兵服务,积极开展宣传抗日活动。他还参加过华社、民创社,寻找实现国家和平与民主的道路。

1944年12月23日,浙江大学化学系师生留影。第三排左三为丁敬

1945年,浙江大学战地服务团合影

四、赴美留学　领导创建"留美科协"

1948年,在"科学救国"思想影响下,丁敬想出国学一门技术,将来可以更好地建设祖国。

初到美国时，丁敬在Allis-Chalmers 公司植物油脂提取实验工厂实习，并先后在得州农工大学（Texas A&M College）和布鲁克林理工学院（Brookly Polytechnic Institute）攻读化学工程硕士研究生。

1950年，丁敬在美国留学时留影　　　　1950年，丁敬（前排）在美国指挥唱歌

1949年6月，丁敬和葛庭燧、侯祥麟、华罗庚等一同发起组织了留美中国科学工作者协会（简称留美科协），1950年丁敬被推选为常务理事，全面负责留美科协工作。

1950年9月，《留美科协》通讯第十二期，刊登了刚返回祖国的留美同学来信，还报道了祖国学术、交通、工矿建设等情况

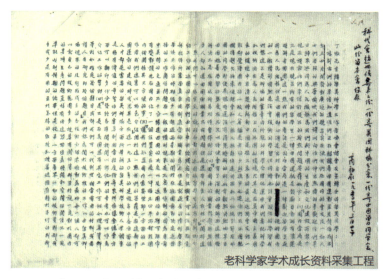

1950年3月,中国科协工作者协会给丁敬转留美科协会员及全体留美同学的信,内容是有关留美科协会员及留美同学回国事宜

中华人民共和国成立后,留美科协积极响应祖国号召,推动留美学生和学者回国。留美科协虽然仅存在了不到2年,却拥有近800名会员。在它的组织和推动下,300多名会员在中华人民共和国成立初期陆续回国,为新生的共和国输送了一批优秀的科技人才,这些科技工作者不但对新中国建设发挥了重要作用,更对中国科学技术的发展产生了深远的影响。

五、归国报效 选择华北大学工学院

1950年9月,丁敬毅然中断学业回到祖国。回国后他选择了华北大学工学院这所红色军工院校工作,在随后几十年里,不管外界形势如何变幻,他强烈的爱国情操始终不渝。

20世纪50年代初,丁敬在北海公园留影

1954年，丁敬与同事筹建了"弹药装药、火工与烟火技术"专业，这是中国第一个弹药装药加工专业，年仅30岁的丁敬担任该专业教研室主任。由于这是新增专业，面临严重的教材短缺，也没有正规的实验室。在这样困难的条件下，从翻译教材、写讲义，到筹备实验室、采购仪器设备，再到招聘教师，丁敬带领同事们开始了艰难的、开创性的建设工作。

1955年，丁敬主译、编写了《弹药装药工艺学》。同年他还与陈赞文、陈福梅合作翻译了卡尔博夫的《火工品》作为教材，本书叙述了过去和现在应用的火工品的各种类型、制造工艺和火帽雷管药剂的制仿方法。此外，他还编写了《烟火技术》《弹药学》《火炸药》《炸药理论》等教材，并亲自讲授弹药装药工艺学。

1955年，丁敬编写的讲义《弹药装药工艺学》

1955年出版的《火工品》封面和扉页

1961年，丁敬参考国内外最先进爆炸理论，用笔名冯季撰写出中国最早系统论述爆炸作用原理的著作——《爆炸作用原理》。本书是根据"爆炸作用原理"课程的教学大纲编写的。教材上标有"秘密"字样，基于学校相关学科的保密性质，当时的专业、教研室都是按照号码排的，教材都是保密的，不许带出教室。

1962年7月，丁敬、吕育新主持组建了北京工业学院力学工程系（即八系），丁敬担任第一任系主任。

1961年出版的《爆炸作用原理》

六、荣获科技荣誉

1964年年末，北京工业学院参与国家的"142工程"，主要研制核武器专用高能炸药，此项任务被北京工业学院命名为"032工程"。40岁的丁敬被任命为142任务爆轰物理组副组长（郭永怀为组长）和高效炸药性能测试技术组组长（钱晋和徐康任副组长）。

1964—1966年，在周发岐、丁敬带领下的032科研组先后研制成功了H1F、HBJ、HJJ三种型号的高性能混合炸药，得到王淦昌、郭永怀等著名学者和上级领导的高度评价。其中，HBJ混合炸药的配方稍加改变后被用于制作热核武器中的炸药装药。

032科研任务的影响是深远的，如8701高能混合炸药的配方研制技术、精密压装技术、物理机械性能与爆炸性能测量技术等都达到了国内领先水平，并于1978年获全国科学大会奖。承担国家的142-032科研任务

1978年，丁敬所在的北京工业学院八系荣获全国科学大会奖

是丁敬学术生涯最杰出的篇章,他对中国"两弹一星"的贡献是不可磨灭的。

七、研究发展二维爆轰及其测量技术

进入20世纪80年代,在丁敬的领导下,赵衡阳、黄正平等建立了电磁法测量系统,是国内首个把电磁法应用于爆轰研究的。与美国同期研究成果相比,丁敬等人应用电磁速度量计(EMVG)及拉格朗日分析(RFLA)法,直接研究炸药爆轰性能和冲击波作用下的行为等成果,已处于国际先进水平,表明中国已有性能优越、可多次重复使用的磁场装置和电磁法测试系统。

1983年,丁敬在教室上课

20世纪80年代以来,丁敬和他的学生把研究重点之一转向二维爆轰及其测量技术。在爆轰研究中许多实际问题都是接近二维轴对称问题,二维拉氏量测及其分析技术是一种二维轴对称流场的诊断方法,在当时处于国际领先水平。1991年该项研究获得国防科技进步二等奖和国家发明奖三等奖。

1991年7月,丁敬的项目"二维拉氏量计研制及在动高压流场测量中的应用"获国防科工委科技进步二等奖

1991年10月,丁敬作为第二发明人的项目"用于动高压流场测量的二维拉氏量计及其实验方法"获国家发明奖三等奖

八、平息黑火药发明权归属之争

黑火药的发明是我国古代四大发明之一,这在我国家喻户晓,但是这一观点在西方并不被认可。

丁敬在了解这一情况后,对中国古代火药的发明、火药的早期军事应用、火药技术的发展和古代火药理论四方面做了许多研究工作。在他负责撰写的"中国古代火药"条目(中国大百科全书军事Ⅱ卷1321–1323页)中明确指出:"现代黑火药是由中国古代火药发展而来,火药是人类掌握的第一种爆炸物,是中国古代四大发明之一,对于世界曾起重大作用。"他的研究纠正了长期以来外国人认为火药是 Roger Bacon 发明的错误观点,并且肯定了明代科学家宋应星于1637年最早描述了空气中的冲击波现象。

以大量确凿的文献资料和事实为基础,丁敬证明了火药是中国人最早发明这一铁的事实。其后的几年里,丁敬在参加国际会议时多次就这项研究成果做报告和发表论文,并获得国际认可。

1993年12月，丁敬因《中国大百科全书》编撰工作做出重要贡献获荣誉证书

1983年10月，丁敬的论文《古代火药技术简史》在《爆炸与冲击》上发表

九、积极参加国际学术交流

丁敬曾邀请国际著名学者来华讲学，如美国的Charles Mader Lynn Seaman，苏联的A.N.Dremin，V.E.Fortov，日本的森田强、福山郁生等，有力地促进了我国在爆轰数值模拟、拉氏量测和分析技术、材料冲击动力学等方面的研究。

1987年，丁敬在东京与福山郁生教授合影

1987年，丁敬在东京讲学留影

丁敬还被聘为美国主办的 *International Pyrotechnics Seminar* 国际顾问委员会委员，美、德联合主编的 *Propellants, Explosives, Pyrotechnics* 杂志的顾问委员会委员，俄罗斯科学院和波兰科学院合办的 *Archivum Combustionis* 学报的编委，美国物理学会会员。

1987年，丁敬主持ISPE会议

丁敬曾应邀访问了美、日、俄、德、英、法、波兰和比利时等国的一些著名学府和实验室，并于1988年10月至1991年9月在美国新墨西哥州炸药技术研究中心（CETR）任客座教授，在凝聚相冲击波物理与化学、爆炸和安全等领域讲学，并进行学术交流。

1991年，丁敬在第二届ISPE会议上做大会报告

十、献身教育40余年

1984年，由丁敬主持创建的"爆炸力学"博士学位授权点被确定为"文革"后第一批博士学位授权点，丁敬成为中国第一批博士生导师。

20世纪90年代，徐更光（左）和丁敬合影

经过几十年的努力，在丁敬的倡导和推动下，建立了从本科生、硕士研究生到博士研究生培养，再到博士后流动站的一整套完整的人才培养学科体系。在40余年的教学生涯中，丁敬在参与培养大批本科生的同时，还先后培养了12名硕士生、16名博士生和3名博

士后。他的学生中有中国工程院院士徐更光,博士生导师恽寿榕、汤明钧、白春华、黄风雷和著名学者丁雁生、梁德寿等。

徐更光和丁敬年龄相差8岁,亦师亦友,感情很深。徐更光曾说:"他(丁敬)是一个宽容的人,他指导我、栽培我、帮助我,我才能有今天的成就。"

丁敬是我国从事爆轰学研究的开拓者、领路人,他胸怀宽广博大,在国内外同行中享有很高声誉。"俏也不争春,只把春来报。待到山花烂漫时,他在从中笑。"毛泽东的这首《咏梅》恰当地诠释了丁敬作为一位科学家的胸襟和品格。丁敬从来都不是一位满足于在书斋中做学问的人,他的目光始终关注国家、民族的发展,始终把推动科技事业的发展放在个人利益得失之上,他把全部精力都投入到了国防科研和教学事业中。

第二节　董海山：60年的执着初心——董海山与火炸药研究

"中国这样大的国家不能没有核武器，不能没有九院。九院受到了迫害，大家都要求调走，那核武器事业怎么发展？"

——董海山

董海山，含能材料专家。1932年10月18日出生于河北滦县（现滦州市），1956年毕业于北京工业学院6511班——新中国第一个炸药班，1961年毕业于苏联列宁格勒苏维埃化工学院，获副博士学位。同年到第二机械工业部第九研究所工作，历任副所长、所科技委主任。董海山长期从事核武器用高能炸药合成与应用研究，在单质炸药合成、混合炸药及应用研究领域有很深的造诣，研究成果在我国核武器中得到应用，填补了国内高能炸药合成与应用领域的空白，对我国含能材料的发展起到了十分重要的推动作用。先后获全国科学大会奖4项、国家发明奖1项、国家科技进步奖1项、部委级科学技术进步奖10多项。1992年当选为俄罗斯自然科学院外籍院士。2003年当选为中国工程院院士。

一、战火中的童年

1932年10月18日，董海山出生在河北滦县的一个农民家庭。父亲在铁路做工挣了点钱后，回家乡买了一块土地开始了半农半商的生活。父母每天为生计奔波,家里生活还是比较贫困,作为长子的董海山很早就开始承担家庭的重担。

20世纪50年代董海山和母亲、弟妹们在河北省滦县照相馆合影。第一排:左一董海清、左二董海英、左三母亲解瑞贤、左四董海天、左五刘少春(董海山大姑长子);第二排:左一董海山、左二董秀英、左三董海泉

1935年11月,日本侵略者成立"伪冀东防共自治政府",从此滦县沦为日伪统治。1941年1月25日,日军制造了震惊全国的潘家峪惨案,致1200余人丧生。潘家峪距离滦县不过几十里地,9岁的董海山亲耳听闻了潘家峪发生的惨案,并亲眼看到同胞们一批一批被抓进日本宪兵队,一车一车的尸首被胡乱堆叠着从宪兵队里用板车推了出来。这个惨绝人寰的场景深深烙印在了少年董海山的心里。

二、考入中国第一个火炸药班

童年的记忆让董海山深刻地体会到落后就要挨打,只有自己强大才能有尊严。在沦陷区的求学生涯非常不易,董海山非常珍惜自己的求学机会,他学习成绩优异,特别是化学成绩较为突出。在选择大学的过程中,他希望自己能够投身到新中国的工业建设中。1951年,19岁的他考入了实行供给制的华北大学工学院(今北京理工大学)化学系,进入化一甲6511班学习,6511班是新中国炸药专业的第一个班。

1951年6511班全班同学在东皇城根丙53号的化学小院合影

1952年1月,华北大学工学院正式改名为北京工业学院。从此,学校开始由为重工业服务转变为为国防建设培养人才。而董海山也由入学时的原料中间体专业改为炸药制造专业。

三、第一次独立完成炸药设计

当时中国的炸药制造还属于空白,大学课程的设置基本是仿照苏联的体

1956年7月,北京工业学院炸药制造专业的同学毕业合影。第三排左四为董海山

系，非常注重理论和实践的结合，因此董海山抓住每一次实习的机会来检验自己的学习成果。通过四次实习，最终董海山选择民用工业炸药作为毕业设计的选题，并顺利完成了题目为《设计年产21000吨的塑性代拿迈制造车间并以硝化工房为重点》的毕业论文。他设计了硝化甘油硝化工艺中的一个工序，这是他独立完成的第一个炸药设计。

四、留学苏联 获得学位

1957年，董海山经过留苏选拔，考取了列宁格勒苏维埃化工学院。根据中苏友好协定，中国留学生可以进入一些涉及国防安全的专业学习，董海山就读的恰好是涉密级较高的炸药化学与工艺学专业，当时苏联的很多新型高能炸药都是该学院研制出来的。

在苏联积极帮助中国研制核武器的大好历史背景下，恰巧是董海山研究生学习生涯的头几年。当时，炸药教研室实行每天6小时工作制，早晨9点至下午3点。有的实验因为化学反应时间较长，需要两班倒，第二班从下午3点工作到晚上9点。为了争分夺秒在短时间内掌握海量的新知识，董海山每天都连续工作12小时。

1958年董海山留苏期间在列宁格勒苏维埃工学院门口留影

1958年，董海山（居中者）与苏联同学谢尔盖·彼得维奇·斯米尔诺夫及中国同学松全才在炸药实验室合影

1960年董海山记录的关于炸药合成方法的学习笔记

学习期间大部分课程没有教材和讲义,全部靠课上笔记和教授的讲述,有些专业在国内并未开设,学习难度可想而知。

董海山将核武器用的炸药作为重点研究对象,他向导师伊戈尔·瓦西里耶维奇·泽林斯基教授表示,自己对脂肪族多硝基化合物的合成感兴趣(用于高威力军用炸药、固体火箭火药黏合剂及氧化剂的合成)。1959年,董海山完成了博士论文《1,1,1,3－四硝基烷、并列多硝基烷及硝基硝酸酯的研究》。

1961年5月,董海山顺利通过了毕业答辩,取得了副博士学位。1961年6月,准备归国前夕,董海山接到了一个并不让他感到意外的通知:回国之时,不能带走任何资料。在准备自己的论文过程中,董海山积累了一尺多高的学习资料和笔记,按照当时中苏关系的形势,估计很难带回国。怎么办?唯一的办法就是记忆。

五、参加"142会战",编写科技回忆录

1961年9月,董海山回国后被分配到了北京九所。九所领导朱光亚、王淦昌、陈能宽等接见了他并听取了他关于苏联在新型高能炸药研究方面的成果汇报。凭着惊人的记忆力,在很短的时间里他写出近10万字的科技回忆录《新型高能炸药合成化学》。

不久,中央决定围绕核武器用新型高能炸药开展全国性的协作攻关,并将此项攻关任务取名为"142任务"(也称"142会战")。董海山作为九所方面

的骨干力量,投入"142任务"中。董海山在"142会战"中带领技术人员将在苏联所学的炸药合成技术进行了改进,1984年他因此获得国家发明奖。

1963年参加"142会战"的部分科研人员在西安合影。前排左六为董海山

六、"文革"期间坚持科研

1967年,董海山、王淑明、孙占顺等人对805厂生产的1105造型粉进行了改性。"改性1105"造型粉的压制工艺在2000吨大型油压机上取得了突破性进展,获得了没有开裂的大型药柱。改性后的配方被称为"改性1105"。"改性1105"在1968年的氢弹试验中得到成功运用。

"改性1105"不仅是我国核武器上使用的第一个塑料黏结炸药,也是新中国火炸药历史上第一个实际投入使用的塑料黏结炸药。

1978年,"改性1105"荣获全国科学大会奖,董海山排名第一。

"文革"中,董海山因留苏的经历被扣上了"苏修特务"的帽子。1969年一项重大的核试验急需一种新型炸药,他深知在这种情况下承担该项任务是有风险的,但考虑到国家需求,便义无反顾地接下了重任。然而灾难不期而遇,1969年和1970年连续两次的爆炸事故致使董海山被投入私设的监狱,妻子也含恨离世。

历经"文革"遭遇,九院许多同事纷纷要求离开这个伤心之地。董海山也收到了不少单位的邀请,然而董海山的心底却一直割舍不下他魂牵梦绕的炸药事业。他曾在一份自传中写道:"中国这样大的国家不能没有核武器,不能没有九院。九院受到了迫害,大家都要求调走,那核武器事业怎么发展?"在小我和大我之间,董海山毫不犹豫地把国家、单位、事业摆在了第一位。

1968年董海山与第一任妻子李子君和长子董志伟在西安合影

七、低感、钝感炸药研究

1980年4月,核工业部六局在北京召开了"新一代核武器高能炸药座谈会",会上董海山做了《研制低感高能炸药》报告,提出研制一种兼顾能量与

1980年9月28日中国兵工学会火炸药学会学术报告会全体代表合影。第一排左一为董海山、左二为朱春华

安全的低感高能炸药。董海山的研究思路得到了与会专家的肯定，此后近20年时间里，董海山倾尽心力，带领团队完成了TATB的合成及新型低感高能炸药、钝感炸药和钝感高能炸药的研制。

1986年，董海山带领团队发明了以碳酸铵为氨化剂生产TATB的工艺，成功研制出钝感炸药配方。

八、重返母校

2000年董海山回到母校，被聘为北京理工大学化工与环境学院顾问教授。

2005年受聘为北京理工大学双聘教授。

2000年，董海山被聘为北京理工大学化工与环境学院顾问教授。前排左五为董海山

九、当选院士

20世纪80年代以后，九院逐渐开放，董海山由于早年的留苏经历，多次到俄罗斯访问，同时，董海山也邀请多位俄罗斯学者访华讲学。1992年12月，俄罗斯自然科学院副院长维·瑟皮鲁莫夫院士、叶戈洛夫院士、马耐利院士、普鲁德尼柯夫教授和沙尔科教授访问九院，洽谈科技合作，并授予董海山俄罗斯自然科学院外籍院士称号。

俄罗斯自然科学院外籍院士证书

2003年董海山当选为中国工程院院士。

中国科学院院士证书及荣誉牌

自1951年董海山考入北京工业学院化一甲专业6511班,他就将自己的一生与火炸药事业联系在一起,无论成败荣辱,都从未离开。在79年的人生路上,他不忘初心,用一个甲子成就了火炸药事业。

第三节 徐更光：装填国防梦 缔造炸药传奇

"攻克难点确实是件难事，但科学是有规律的，也是讲道理的，它很公平。你付出多少劳动，它就出多少成果。"

——徐更光

徐更光，1932年出生于浙江东阳，爆炸理论与炸药应用技术专家。1951年考入沈阳东北兵工专门学校，1953年该校并入北京工业学院（今北京理工大学），徐更光随校转入北京，后留校任教，从事炸药与应用技术的教学和科研。1994年当选为中国工程院院士。2015年1月7日，徐更光因病在北京辞世，享年83岁。

徐更光一生实践并推动产学研的结合，他主张深入一线解决实际问题，称自己是工人科学家。他先后发明了"8701"炸药、"海萨尔"、改B炸药等10余种新型混合炸药，发展装药新工艺，这些技术用于装备20多种武器弹药，大幅提高了我国武器弹药的性能和安全性。他曾获得1978年全国科学大会奖、国家科学技术进步奖一等奖等国家级奖励4项，部委级奖励10余项，为推动我国国防科技事业发展做出了重大贡献。

一、崇尚"勤耕苦读"的家庭

1932年11月18日徐更光出生于浙江省东阳县（现东阳市）吴宁镇，乳名：

庚生。父亲徐锡如是国民政府东阳县政府的职员,母亲张松卿在家务农。

东阳素来崇尚"兴学重教、勤耕苦读",此地"比承前贤,首兴学校,崇儒重士,诚知教化之源"。徐锡如虽然未曾有机会接受正规教育,但他靠勤奋自学在国民党的县政府里谋得公职并有一定的发展。所以,徐锡如骨子里非常崇尚文化,尽力为儿女创造良好的家庭教育氛围。

1936年徐更光姐弟合影。前排左起依次为大哥徐大光、徐更光、三姐徐淑娟。后排左为二姐徐淑媛,右为大姐徐淑仙

1948年前后,徐更光中学时期的全家福。二排右三为徐更光,右五是父亲徐锡如

二、动荡求学路

6岁时,徐更光开始了求学生涯。1938年9月开始,徐更光进入离家不远的吴宁镇东白小学读书。日寇入侵东阳后,东白小学被日机炸毁。1942年9月,徐

更光转学至离家30多公里的乡下马宅镇永昌小学继续学业。

1945年9月，徐更光在浙江省东阳县东阳中学读初中。1946年转到义乌中国中学继续上初中。1948年在浙江省义乌中国中学读高中。中华人民共和国成立以后，考虑到生活上的便利和经济问题，徐更光又重新考回县城的东阳中学继续上高中。1951年下学期，由于东阳中学高三在校人数过少，他和同学们一起转学至位于金华县（现金华市）的金华中学继续学习高三课程。

1951年，徐更光就读于金华中学时的个人照

中学时徐更光的学习成绩时好时坏，并不是很稳定。他是一名突击型学生，每逢考试，徐更光"临时抱佛脚"，成绩就上去了，再难的题都难不住他，所以考试成绩还都不错。在学校里，徐更光依然保持了活泼好动的性格，喜欢学习之外的各种文体活动，打球、跳水、书法、漫画都是他的强项。

三、从东北到北京的五年大学

1951年，徐更光被南京大学和东北兵工专门学校同时录取，因立志参军，他选择到东北兵工专门学校学习化工专业。虽然入学时因为政策调整，东北兵工专门学校的学生不再有军籍，没能圆徐更光的军旅梦，但这个选择多年以后让他成为中国火炸药领域的学术泰斗。

1953年4月，因全国院系大调整，沈阳东北兵工专门学校并入北京工业学院，徐更光成为北京工业学院化工系火工品与装药专业的学生，班号为7511，学号513145。

1951年，徐更光就读于东北兵工学校时个人照

大学时期，徐更光改掉了考前突击的习惯，学习踏实，成绩优异，是班上

仅有的两名全五分优秀毕业生之一。

1956年,徐更光毕业于北京工业学院

1956年9月,北京工业学院第七专业首届毕业生合影。第四排左四为徐更光

四、留校任教"师从"丁敬

1956年7月,徐更光在北京工业学院毕业,因学习成绩优秀留校任教。留

校以后，被分配到六系（化学系）工作，教授弹药学。此时，学校已迁至海淀区巴沟（现中关村南大街5号）。

参加工作以后，徐更光在丁敬的直接领导下工作。徐更光接受记者采访时曾说，丁敬批评过他很多次，但他始终明白那些批评背后的支持。

1958年，徐更光因家庭背景问题，不再承担授课任务。他被六系派到海淀区冷泉村的化学制剂厂担任厂长，主要任务是带领部分工人和学生生产间苯三酚。

1956年徐更光留校时的个人照

徐更光和生产间苯三酚的同事合影。前排右一为徐更光

当年生产的间苯三酚

五、参与国家重大科研项目——"032工程"

1964年年末，北京工业学院参与国家的"142工程"，主要研制核武器专用高能炸药，此项任务被北京工业学院命名为"032工程"。当时的北京工业学院副院长周发歧担任"032工程"总指挥，力学工程系主任、爆炸学专家丁敬担任研制组组长。在"032工程"中徐更光任配方组组长。

1964年,"032工程"同事合影。右一为徐更光

在研制过程中,徐更光创造性地采用高效胶黏剂玻坏胶解决了高能炸药的关键性难题,并和大家一起研制出HBJ和HJJ高能炸药,完全满足"142工程"的要求。后来,因种种原因HBJ和HJJ未被选用,但徐更光没有气馁,开始了长达16年的不间断试验,以证明自己成果的科学性。

后来经有关专家证实:当年我国成功用于氢弹爆炸的高能炸药,正是因为采用了徐更光的关键技术才得以成功。由于核武器研制的高度保密性,徐更光得知这一消息已是30年后,当听说这一消息的时候,他吃惊之余,没有半点委屈,反而十分高兴,他说:"我当时的坚持是正确的,我的东西国家还是用上了,我很高兴,真的很高兴。"

2010年10月,徐更光接受《大家》栏目访谈

六、炸药中的常青树——8701高能炸药

20世纪70年代初"珍宝岛事件"之后,为了满足部队反坦克武器的需要,北京工业学院力学工程系(八系)把为破甲弹研制新药的任务确定为八系70年代的第一个任务,代号8701。

8701项目的总负责人是系主任丁敬,而徐更光、孙业斌等人就是8701任务具体的执行者。在研制过程中,徐更光创造性地用DNT代替8321中的4号药,解决了炸药安定性问题,获得了成功。1975年,8701通过设计定型,具备大规模生产、装备部队的资格。1978年,8701高能炸药获得了全国科学大会奖,徐更光为第一获奖人。后来徐更光对8701进行了新的改进,使炸药的安全性和威力达到了更完美的结合,达到了国际先进水平。1987年,改进后的8701获国家发明三等奖,徐更光是第一发明人。

1978年,8701高能炸药获全国科学大会奖

1978年科学大会颁奖现场照。右一为徐更光

从那以后,8701被广泛用于69式火箭弹、82无后坐力炮破甲弹、红箭-73反坦克导弹、红箭-8反坦克导弹、125毫米破甲弹等多种型号武器上。8701以其强大的威力、良好的储存安全性奠定了在我国炸药领域中的特殊地位,被广泛地应用于我国的各种武器中,被誉为炸药中的"常青树"。

20世纪70年代8701研制团队部分人员（右二为徐更光）

8701炸药颗粒

1987年，改进后的8701获国家发明三等奖

七、一生中获最高科研奖励的成果——"海萨尔"高能炸药

20世纪80年代末期，我国从瑞士引进了"厄利空"双-35高炮系统。经兵总火炸药局、北方工业公司、学校、工厂等单位研究协商，决定由北京理工大学八系负责双-35高炮炮弹专用药配方的研制工作，重庆152厂负责放大试验和生产工艺制定工作。1989年5月，学校与152厂正式签订科技协议书，接下了这一艰巨的任务。

经过一年多的艰苦攻关,徐更光成功地选用了XX胶作为黏合剂,全面改善了炸药的装药性能,使炸药的各项指标都达到了研制要求,同时还解决了原料国产化的问题。徐更光和他的团队研制成功"海萨尔PW30"高能炸药,一方面满足了双-35炮弹专用药的需要,同时还出口577吨,为国家和152厂带来了可观的经济效益。1992年,为表彰"海萨尔PW30"高能炸药的研制成功,北京理工大学作为第一获奖单位获得了"国家科技进步一等奖",徐更光作为第一获奖人获得"国家科技进步一等奖"。

1992年,"海萨尔PW30"高能炸药获国家科技进步一等奖。左图为获奖证书;右图为获奖现场合影(左四为徐更光)

"海萨尔"炸药颗粒

八、兵工企业的知心朋友　工人自己的科学家

徐更光是兵工企业的好朋友、好专家，是工人自己的科学家。几十年来，徐更光长期奔走于全国各地的兵工厂，为工厂排忧解难。有些三线厂交通不便，条件异常艰苦，但只要是工厂需要，什么都挡不住徐更光的脚步。

原兵总火炸药局老领导杨红梅曾这样评价徐更光："徐更光最了解工厂的困难，与工厂结合得最紧密，为工厂做出的贡献也最大。很多情况下，徐更光都是无偿为工厂服务的。他解决的都是国内最亟须解决的重要问题，其应用性极强。所以这个行业里的很多工厂都把徐更光当作最亲的人、最可信赖的人。作为兵总炸药专业组的组长，徐更光起着非常关键的作用，而且这种作用是无可替代的。"

20世纪80、90年代，徐更光在工厂做技术指导

九、学术思想

1. 引入"矛盾论"解决炸药设计中威力与安全的平衡问题

参加"032工程"科研过程中，徐更光把"矛盾论"融入科学研究中来，从哲学高度认识科学技术发展规律，正确把握研究方向，通过深入分析，揭示出其中的主要矛盾是"爆炸能量密度提高"与"炸药使用更加安全"之间的矛盾，实质是任一方性能的提高都要以另一方性能降低为代价。这一科学的分

析指出了塑料黏结炸药发展的代谢规律：只有通过科技创新才能改变矛盾性质，实现更新换代。

2. 爆炸能量输出结构与目标力学响应研究

结合水中破障武器的科研实践，徐更光创新性地提出了爆炸能量输出结构与目标力学响应问题，推动了水中破障武器的发展，大幅提高了爆炸对目标的毁伤效果，解决了困扰这一领域长达40年之久的重大技术难题。爆炸能量输出结构与目标力学响应是爆炸学的核心研究内容，也是炸药、弹药、毁伤及防护专业的科学基础。这一科学论断的确立体现了学科交叉，推动了科技创新，促进了爆炸学科的发展。现在这一独创的理论正在全行业中推广。

3. 发射安全性理论

在行业中，努力扭转人们的传统观念——"认为发射安全性主要取决于炮弹的许用应力"，而积极倡导"弹药的装药质量是影响发射安全性的最主要因素"这一发射安全性理念，并逐步在全行业中得到推广。

2008年，徐更光指导博士生开展爆炸能量输出结构理论研究

十、一个艰难而又快乐的家庭

1962年,由于北京市化工三厂执行"双58"政策时的工作失误,徐更光爱人沈秀芳的户口被迁回了海淀区冷泉村,这样沈秀芳和两个孩子都变成了农业户口,直到1984年4月,经过多方的努力才"农转非"。

从那以后,一家四口的重担都压在了徐更光一人肩头,一家四口在筒子楼12平方米的房间里一住就是20年。那时徐更光每月工资69元,粮食定量32斤[①],这就是一家人的全部固定收入,这种情况一直延续了17年。靠亲朋的接济,靠冷泉村生产队很少的粮食补助,靠单位领导、同事、邻居的大力帮助,徐更光一家人顽强地生活下来。

岁月蹉跎,徐更光夫妇记不清有多少人帮助过他们,更记不清吃了大家多少粮食。在他们心中,留下的是对每一个人的感激,用徐更光的话说:"要用友善的心对待每一件事、每一个人,要学会和懂得报恩。自己只有多干工作,多出成果,多做一些对国家对人民有益的事情,来报答大家对自己的帮助。"在那段苦难的生活中,徐更光没有消沉和退缩,一边勤奋地工作,一边快乐地生活。

1983年一家四口于北京照相馆合影留念

---

① 1斤=500克。

十一、言传身教

做徐更光的弟子是幸运的,但有时也是辛苦的。在教学中,徐更光容不得半点虚假和懈怠,对学生要求非常严格。学生遇到困难,徐更光又有柔情的一面。学生周正青得了重病,徐更光鼓励大家为他捐款,自己带头捐出3000元。一位学生的母亲得了脑中风,徐更光把自己的药和电子血压计拿出来,让学生给母亲带回去。徐更光慈父一样的温情让弟子们分外感动。

20世纪80年代,徐更光指导学生姜春兰进行计算

20世纪90年代,与助手周霖在重庆152厂

2009年10月1日,徐更光(左)与崔国良参加国庆阅兵仪式,在天安门广场合影

对徐更光院士一生奋斗的回顾,使我们感到巨大的震撼和鼓舞,在他身

上闪烁出崇尚科学、执着追求的探索精神；治学严谨、求真务实的科学精神；勇攀高峰、锐意进取的创新精神；心系国防、志在强军的奉献精神和坚定理想信念、自觉报效祖国的崇高追求。

徐更光是一面旗帜，更是一个代表，他代表着学校、代表着国防战线上千百万默默奉献的人。正是由于这些人的共同奋斗，中国的国防才能够日益强盛，伟大的中华民族才能够繁荣富强！

第二章

雷达大师与枪王传奇

在北京理工大学，有两位20世纪90年代就当选为院士的著名雷达专家，一位是1951年考入华北大学工学院的毛二可，另一位是1993—1999年任北京理工大学校长的王越。他们都是因为从小热爱无线电，先在大学里学电机和电讯专业，后来都根据国防需要转学雷达专业，为我国雷达事业做出了卓越贡献。

20世纪50年代，北京理工大学有一位从学生时就开始研究枪械的人，他的第一个作品67式机枪起步就很高。经过40年不懈地探索和追求，他设计出了石破天惊的95式枪族，成为一代枪王。

"我（设计的95式枪族）最轻，这个是永恒的主题啊！步兵带的东西绝对要轻，世界上我是最轻的，尺寸也最短……我的枪战士可以大衣里放进去，披上大衣就可以走，风沙就进不去了。我的卡宾枪，坦克手可以坐到坦克位子上，挎到背上，不影响你坐。另外，我的弹头比较大，打到400米那么远，打穿不成问题，百分之百地穿！"这是枪王朵英贤在接受媒体采访时，面对镜头自信满满讲的话。

第一节　毛二可：不畏浮云遮望眼　擎天铸网锁天戈

"成绩和荣誉属于大家，我只是其中一名普通教师，尽了一名共产党员应尽的责任，我要把荣誉作为新的起点，今后更好地发挥自己的余热，为年轻教师的发展创造更好的条件，为我国的雷达技术做出积极的贡献。"

——毛二可

毛二可，1934年生于北京。雷达、信息处理技术专家。1951年从重庆南开中学毕业后考入华北大学工学院电机制造专业，1953年改学雷达专业，1956年毕业留校任教。

毛二可长期从事雷达系统及其信号处理方面的教学和科研工作，主持和参加了几十项国防重点科研任务，在雷达动目标显示和检测、雷达杂波抑制、脱靶量检测系统和新体制雷达研制方面取得了重要成就，为我国国防科技事业做出了重大贡献。曾获全国科学大会奖、国家技术发明奖和国防科工委重大技术革新奖等多个奖项。在国内外重要学术期刊上发表学术论文100余篇。著有《毫米波导引头信号处理机》及《电荷耦合器器件动目标显示对消器》等。为国家培养了大批优秀人才。1995年当选为中国工程院院士。

一、痴迷无线电的孩子

1939年9月,5岁的毛二可考入重庆大学附属小学。虽然父亲毛韶青曾赴法国学习机械专业,在专业上颇有建树,但带领毛二可迈入科学世界的却是他的哥哥毛大可。毛大可在重庆南开中学读初中二年级时,开始学习电磁学课程,回到家就利用学到的知识带着毛二可制作简易电话。不久大可又带着二可用耳机、硫化锌和二极管制作了一个简易矿石收音机,当收音机里播出不太清晰的广播节目时,两个孩子非常激动。看不见摸不着的无线电波为少年毛二可打开了一个全新的世界,一下就激发出了他探索遥远而神秘的未知世界的强烈渴望。

1938年毛二可在重庆幼儿园与老师及小朋友的合影(前排右一为毛二可)

多年以后回忆当年往事,矿石收音机里播出的内容已经忘记,但自己第一次亲自动手实验获得成功的激动和喜悦却依旧历历在目,永难忘怀。也正是从那时起,无线电这个"玩具"成了他的终生所爱。

毛二可撰写的回忆当年和哥哥一起如何制作小电话的手稿

二、重庆南开中学如鱼得水的学生

1949年2月,毛二可在重庆私立南开中学读高中一年级。学校拥有非常好的教学条件,主要采用美国的教学模式,理论与实践并重。很多教师是从国外留学归来后来此任教的。毛二可的物理老师是重庆大学的一位兼职教授,这位教授教学水平颇高,让毛二可受到了更加形象的物理课教育。

在重视基础教育的同时,学校还为学生创造了各种条件来调动发挥每个学生的专长,开办了各种社团。毛二可在哥哥的影响下参加了南开无线电协会。在协会里毛二可学习组装电子管收音机,制作直流电源,改装电表做万用表,自己绕制变压器,这些活动锻炼了他的动手能力,使他对物理尤其是电学产生了浓厚的兴趣。

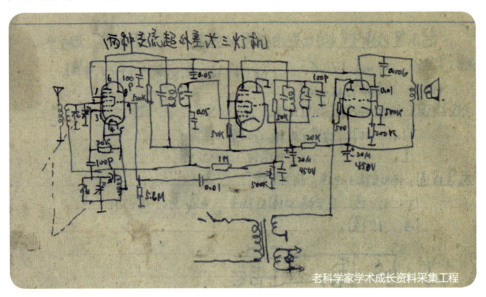

毛二可绘制的交流超外差式三灯电子管收音机线路图

几十年后,毛二可在一篇回忆当年往事的文章中写道:"是重庆南开中学老师的启发式教学以及学校创造的各种条件、鼓励把每个学生的兴趣和特长充分调动起来的教学方针,使我从被动学习转变为主动学习。也可以说是在南开中学的高中教育决定了我一生的技术发展方向。"

1951年毛二可重庆私立南开中学毕业证书

中学时期的毛二可个人照

三、大学不同凡响的毕业设计

1951年9月,毛二可抱着学习与电相关专业的理想考入华北大学工学院(北京理工大学前身)电机工程系电机制造专业。大学二年级时,由于在无线电方面能力突出、动手能力强,老师让毛二可负责组织电机实验工作。1954年,他和同学到上海710厂实习,在那里他们做出了指示飞机方向的长波电台——长波归航机。

20世纪50年代在北京工业学院读书时的标准照

20世纪50年代初毛二可在北京工业学院读书时在运动场留影

20世纪50年代初与大学同班同学在北海九龙壁前合影(右一为毛二可)

1953年年初,根据国防需要,毛二可所在的电机制造专业奉命转为雷达专业。1955年,他进入毕业设计阶段,毕业设计的题目是设计制作一套电视实验发射系统,由他和三位同学合作进行,他负责研制定时器系统。经过一年时间的艰苦努力,终于完成了毕业设计的全部任务。

中国第一个真正意义上的电视实验发射系统由大学本科学生独立完成设计制作,这对当时国内电信行业来说绝对是一件令人瞩目的大事情。国内有关专家对这一成果一致给予高度评价。邮电部为这一成果颁发了我国第一个电视频道执照。邮电部批准北京工业学院使用电视第一频道,自此,"中国电视第一频道"永久落户北京理工大学。

四、困难时刻挺身而出

1956年,学业优异、思想积极要求进步的毛二可留校任教。他留校后接受的第一项工作是只凭说明书圆满完成了复杂的406雷达组装任务。此后毛二可与同事共同编写了在全国很有影响力的雷达专业教材《雷达站》。

中国7010相控阵雷达(图片来自网络)

20世纪60年代,中苏关系恶化。1964年,面对苏联对我国施加的巨大军事压力，中共中央决定建造我国第一代远程大型相控阵预警雷达系统。当时正值"文化大革命"时期，毛二可被打成走白专道路的黑典型，被禁止参加雷达总体研究。此时相控阵雷达重要的相位测量和控制系统的研制遇到困难，整个雷达工程陷入僵局。眼看国家的重要国防工程研制受阻，毛二可得知情况后非常着急，没有人给他下达任务，他顶着可能再次被批判的巨大压力，和同事一起主动承担了"高频相位计"的研制工作。工作真正做起来遇到的困难和问题太多了。凭借手中仅有的一本国外参考资料，思维活跃的毛二可又参考了音频相位计的原理，和同事做了无数次试验、分装、调试和改进工作。经过两年的艰苦奋战，1968年"高频相位计"终于研制成功。这一关键技术直接推动了我国第一部相控阵预警雷达的研制进程。1976年，7010型相控阵雷达研制成功，使我国当时成为继美、苏之后第三个拥有相控阵雷达的国家，雷达探测距离达3000公里，极大地提高了我国的安全环境。1978年，7010雷达获全国科学大会奖。

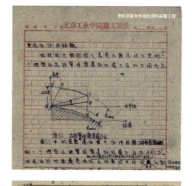

毛二可在20世纪60年代撰写的雷达总体技术部分手稿

五、在漫漫科研征程上砥砺奋进

60余年来，毛二可从我国国防实际需要出发，在雷达系统及其信号处理方面所做的工作大致可以分为以下几个方面：

1. 他让雷达"看得清"

20世纪70年代初，为了抑制各种杂波干扰，提高动目标显示的清晰度，毛二可开始进行雷达动目标显示技术研究，其中高稳定本振源是动目标显示雷达的核心部件，攻克它难度极高。经过6年的不懈努力，他研制的"新型十公分稳定振荡器"获1978年全国科学大会奖，此后，"高稳定本振源"1987年获国家发明奖三等奖。

解决本振源问题奠定了中国雷达动目标显示和检测的基础，但随后数据处理能力问题又来了。在看到一份柯达公司的CCD技术资料后，毛二可以独到的视角推断，可以用CCD器件来产生不同的延时时间。他向部队领导要来一部国产403雷达开始实验。1981年，"雷达加装CCD动显系统"获国防科工委重大技术革新二等奖。1987年，"模数混合动目标检测处理机"获国家发明奖二等奖，这是当年军用电子领域国家级最高奖。

从20世纪80年代后期开始，毛二可又利用数字处理芯片将雷达信号处理带入数字处理新时代。他带领团队自主研制出具有国际先进水平的新型雷达动目标显示装置等核心部件，广泛应用于我国多型机载火控雷达，实现了复杂环境下雷达"看得清"。

20世纪70年代毛二可（右一）向空军有关领导汇报实验情况留影

1987年，"10公分微波晶体管压控振荡器"项目获国家科学技术委员会发明三等奖

1987年，"高稳定本振源"项目获国家科学技术委员会发明三等奖

1987年，"模数混合动目标检测处理机"项目获国家科学技术委员会发明二等奖

20世纪80年代毛二可在做实验

2. 他让雷达"看得准"

"矢量脱靶量测量系统"是国际公认的难题,它主要用于检验导弹是否命中目标,如果没有命中,需要测出偏差的距离和方向。20世纪90年代后期,毛二可带领团队历时8年,克服了各种技术困难研制成功"矢量脱靶量的测量方法及其装置"。2013年,这项成果获国家技术发明一等奖,如今已广泛应用于从航天到海、陆、空军武器的鉴定,并成功推广应用于"神舟""天宫"历次交会对接。毛二可成为我国全时空雷达的开创者。

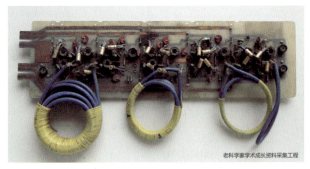

毛二可做实验用的线路板

2013年,"无线电矢量脱靶量测量技术与应用"获国家发明一等奖

3. 他让雷达"看得远"

进入21世纪,毛二可又陆续提出多种新体制雷达方案,率先提出复杂信号新波形,解决了远距离微弱目标探测问题。他带领团队研制的系列新型空间雷达增强信号处理系统,对"嫦娥二号"三级火箭探测距离达到14万公里,达到国际先进水平,军方认为这是我国自主跟踪目标达到的最远距离。这项成果获2011年国家技术发明奖二等奖。

4. 他让卫星成像遥感"响应快"

毛二可作为我国星上信息处理的引领者,率先提出将传统天基成像处理由地面转移到星上的新思路,他带领团队成功研制出全球首个星上雷达成像处理系统、星上图像目标检测处理芯片及系统,成果应用于我国16颗卫星;他突破星地数据传输瓶颈,开创了我国航天成像遥感星上处理、实时分发的新模式,实现了卫星成像遥感"响应快",成果获2018年国家技术发明奖二等奖。

在毛二可的带领下,"合成宽带相控阵雷达""米波共形全时空雷达"等许多新体制雷达不断出现,将我军防卫反击能力提升到让党和人民放心的高度。

多年来,毛二可带领团队取得了国家发明奖一等奖1项、二等奖2项、三等奖2项、四等奖1项,部级奖多项。这些重大成果都是在国外完全技术封锁的情况下,依靠自主创新取得的。

六、历经磨难　不忘初心

1953年,在大学读书的毛二可萌生了入党的念头,他向党组织递交了第一份入党申请书。在此后的岁月中,不论遭遇何种磨难,不论顺境逆境,他对党的忠诚始终不渝。"文化大革命"时期,他因为父亲的历史问题被边缘化,因为钻研业务被批判,他的家人也遭遇了巨大磨难。

十一届三中全会的春风让毛二可彻底卸掉了沉重的精神枷锁,他再次给党组织写了入党申请书。在申请书中他说:"在这个伟大的事业中,我要求成为一个先锋战士,把自己的一生贡献给这伟大的事业。"

1984年6月23日,他终于实现了自己31年的夙愿。在党员发展会上,他激动得声音哽咽,几次中断发言。

毛二可在军用飞机舷梯上做实验

入党后,毛二可把对党和祖国的挚爱全部融入到了教学和科研中,他的工作发条上得更紧了。60岁以前,他每周工作七天,晚上还要加班加点,没有节假日。"我们要抓紧",这是他经常说的一句话。平时他走路快步如飞,上下楼一步都是两三个台阶。

在馆藏基地珍藏着一张20世纪80年代拍摄的黑白照片,照片上的毛二可刚从图书馆教师阅览室出来,边走边抬腕看手表,那是他在根据时间安排下一步的工作。有人计算过,他一年比常人多工

20世纪80年代毛二可从学校图书馆教师阅览室出来,边走边看手表

作3个月的时间。他把工作当成一种享受,他觉得能够用自己的知识和智慧为党、为国家建功立业是无比快乐的事!

成果出来了,虽然他是主要发明者,但他总是把别人的名字放在前面。他说:"事要多干,名不能突出。"

1989年,毛二可被国务院授予全国先进工作者称号。

1989年全国先进工作者证书及奖章

2006年,毛二可被授予全国优秀共产党员称号。

七、谦逊做人与冷静思考

在馆藏基地收藏的一篇毛二可事迹的报道底稿上,他亲自用铅笔做了多处修改,用铅笔显示出他对原作者的尊重。他将文中"一位大科学家,还是做国防雷达的科学家"中的"大科学家"删掉;将"以毛二可为主的几个同学"中"为主"两字删掉;将"大大加强了我国防空预警系统的探测能力"中"大大"两字删掉;将"毛二可以一种崭新的思路"中"毛二可"后面加上了"和年青(轻)骨干一起";将"古稀之年的毛二可院士牵头"中的"牵头"改为"和年青(轻)骨干一起"。

毛二可在一篇关于他的事迹报道底稿上做的部分修改

人们常说，见字如面，院士的字虽不漂亮，但透过这些轻轻书写的铅笔字，仿佛可以看见他那张亲切、善良、谦和的面孔，感受到他严谨低调的风格。

2017年，毛二可在接受《兵器知识》记者采访时谈到，虽然我国飞机探测雷达的品种型号比较齐全，但是整体水平与美国相比还有差距，主要是基础研究和技术积累还不够，电子元器件有差距，方案、设计思想及体制上也还有不少差距。谈到对未来的展望，他认为，雷达目标识别是一门很深很广的技术，一是利用高清晰的分辨率获得更多目标信息是今后雷达目标识别的一个突破口，二是将光学技术融入雷达技术，进一步发挥雷达的潜力。

在室外指导学生做实验

眼力不济的老院士在工作

80多岁的毛二可还骑车上班,成为当时学校一道亮丽的风景

为了让我国的雷达技术达到更卓越的目标,耄耋之龄的老院士每天还在努力着、努力着。

第二节　王越：无线电波下的家国梦

"在民族存亡的危机时刻，人们总要千方百计地寻找希望和出路，无论精神上还是其他方面。当我得知从短波收音机里能够收到来自抗日前线的胜利消息后，我第一次感受到了短波无线电的伟大和神奇，长大以后，我要学无线电。"

——王越

王越，1932年出生于江苏丹阳，信息系统专家。1956年毕业于解放军通信学院(今西安电子科技大学)，1991年当选中国科学院学部委员(院士)，1993—1999年任北京理工大学校长，1994年当选中国工程院院士，是中国仅有的34位两院院士之一。

王越长期从事火控雷达系统、信息系统及安全对抗领域的研究工作，直接推动了相关国防科技领域的发展。早年，他曾作为总体主管设计师，负责我国第一代火控雷达301系统的技术引进和生产、我国第一代岸炮对海校射雷达861系统的研制。他作为总设计师，主持研制了我国第一代歼击机火控雷达201系统、我国第一部全晶体管化火控雷达303系统。

改革开放后，他作为总设计师，主持研制成功新一代火控雷达306系统，该雷达系统实现了大幅度技术跨越，成为军队的主战装备并出口到十几个国家。他曾因上述杰出贡献，荣获国家科技进步奖一等奖、全国科学大会奖、何梁何利基金科学技术进步奖等。今天王越还在继续为新一代火控雷达的设计进行总体规划，为培养信息安全系统的专业人才，耄耋之年的他仍然奋斗在教学一线。

一、胸怀家国成"越"名

王越出生于1932年，是"九一八"事变的第二年，其父王百先感怀于国难当头的境遇，为其起名为"越"，希望早日越过这个让中华民族耻辱的年代。父亲就职于天津的浙江兴业银行，母亲姜锦婚后辞掉教师工作相夫教子。

虽然身处乱世，但是王越受到了良好的家庭教育，母亲坚持"爱、美、仁"的教育理念，父亲注重身教大于言教。每当夜幕降临母亲就会用钢琴弹奏古典音乐，整个家庭都沉浸在幸福祥和的气氛中。

二、耀华学校的顽童

王越5岁时就读耀华学校。1938年，校长赵天麟因抵制日寇而被暗杀，他的事迹深深触动了王越。尽管学校被迫将教材改为中日亲善的内容，但王越宁愿做一个顽童，也不愿受奴化教育，因此学习成绩并不好。

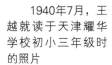

1940年7月，王越就读于天津耀华学校初小三年级时的照片

1941年，王越一家的合影。后排为王越父母，前排左起依次为妹妹王超、王越、弟弟王起

1940年7月，王越就读于天津耀华学校初小三年级时期的集体照。第一排左八为王越

几十年后，王越在回忆文章《我在耀华学校感悟民族观》中写道："我多么盼望我的国家能够摆脱贫穷落后的面貌不再被外强侵略，这个希望伴随我走过大半生，激励我工作的热情！"

王越的回忆文章《我在耀华学校感悟民族观》

三、心怀救国梦，着迷无线电

抗战时期，处于沦陷区的天津人民在日本人的控制下根本收不到外面的消息。1944年，王越父亲的一位朋友，其收音机的波段旋钮被日本人贴上了封条，但是没有完全封死，所以父亲和其他几个朋友经常去这位朋友家用短波收听后方的广播，包括昆明的美国电台、太平洋上的美国电台和重庆电台。通过短波得知日军在太平洋战争中节节败退的消息，大家都欢呼雀跃。沦陷区的压抑生活深深印在王越的脑海中，他说："在民族存亡的危机时刻，人们总要千方百计地寻找希望和出路，无论精神上还是其他方面。当我得知从短波收音机里能够收到来自抗日前线的

华北标准型11号

华北标准型13号

20世纪40年代的电子管收音机（图片来自网络）

胜利消息后，我第一次感受到了短波无线电的伟大和神奇，长大以后，我要学无线电。"

四、上海求学，考取大连工学院

1947年，王越只身来到上海大同大学附中二院上学，在这里他从一名差学生蜕变为优等生。1950年报考大学，21个志愿中，王越只填了一个志愿：大连工学院（今大连理工大学）电讯系。

五、奔赴张家口

1952年，王越随大连工学院电讯系211名师生乘专列奔赴张家口中央军

委工程学校。1952年5月19日，在此基础上成立了解放军军事通信工程学院，1955年8月3日校名改为中国人民解放军通信学院，专业由电讯转向雷达。王越的学习成绩优秀，大学时曾多次获国家学术奖学金。

1950年王越考取大学时的个人照　　1955年中国人民解放军通信学院授予王越的国家学术奖学金证书　　1956年，王越被中国人民解放军通信学院授予中尉军衔

1956年大学毕业合影。第三排左二为王越

六、投身雷达事业

1956年留苏未成，王越被分配到786厂工作。他参与了我国第一台火控雷

达的研制,此后一生都从事火控雷达的研究工作。

20世纪60年代初,王越受命研制我国第一代歼击机火控雷达,他带领设计人员不怕困难通宵达旦地艰苦钻研,最终使201系统电子管上的元器件全部国产化,除此之外还完成了许多精密的设计。201系统的成功,使王越获得了参加全国青联会议的机会,得到了毛泽东主席的接见。

1968年,国防科委向206所下达了新式火控雷达"303系统"的研制任务,王越被任命为该系统的总设计师。5月,王越带领研制队伍到北京与其他合作单位组成会战组,尽管条件非常艰苦,但是大家都是拼了命地赶进度,王越每天都是凌晨两三点钟才睡觉。1972年,303系统设计定型, 这是我国第一台晶体管火控雷达,其重量比302系统减少了一半,还加入了计算机反馈系统。

1960年786厂模范团小组成员合影。后排中间为王越

王越的"全国兵器工业战线学铁人标兵"证书(1978年)

20世纪80年代末,王越等人研制出我国自主创新设计的新一代地面火控系统——306火控系统,该雷达达到了国际同类产品70年代中期的水平,大大缩短了和世界先进水平的差距。

306火控系统研制成功后,国家却没有足够经费来装备部队,而此时,206研究所也面临体制改革和经费短缺的问题。为此,王越积极开辟雷达的外贸渠道,将雷达降级后出售给第三世界友好国家。王越外语好,他亲自跟外商谈判,给外商讲解产品性能。

1991年为外商讲解产品性能。右一为王越

20世纪90年代初接待到访206所的军方人员。左一为王越

306火控系统的出口贸易不仅解决了研究所的发展经费问题,也使兵器部再次关注到206所的科研能力,开始给206所分配新的研制任务,并配备经费。王越是从那个任人宰割的耻辱年代走来的人,他有卧薪尝胆的大志。在"双35"系统引进初期,有些专家提议完全仿制,王越力排众议,提出"走功

能仿制"的指导思想,反对一味跟随国外的设计。他认为简单的图纸仿制不能从本源上提升我们的技术水平,而应在功能仿制的过程中,通过吸收先进设计思想和核心技术来提升研究队伍水平,从而为后续雷达的研制积累经验。

在雷达研制过程中,王越不断总结工程实践中的经验和教训并将其上升至理论。他提出了火控雷达和电子对抗系统工程的基本理论,建立了系统的理论体系和模型,并用这些理论和模型成功指导并研制出多项大型工程科研成果。

1981年王越撰写的《再论营火控系统之雷达系统设计》论文手稿

1989年王越作为总设计师研制的306系统获国家科学技术进步一等奖

七、评为两院院士

1991年,王越当选为中国科学院学部委员。1994年,中国工程院成立,34名工程技术背景较强、具有一定代表性的中国科学院院士被一并列入中国工程院首批院士名单，这便是我国的"双院士"，钱学森、王大珩、宋健均是双院士，王越也是其中之一。王越曾担任中国科学院技术科学部主任，为国家科学技术发展做过很多调研，提供了许多重要的咨询意见和评审意见，在科技界赢得了广泛的尊重。

1991年王越当选为中科院学部委员　　1994年王越当选为首批中国工程院院士

八、投身教育

1993年，中国教育体制改革拉开大幕，在炮瞄雷达研究所担任所长的王越受命担任北京理工大学校长。在任期间，他带领学校顺利通过"211工程"评审，并深化学科改革，推动大学校园文化建设。

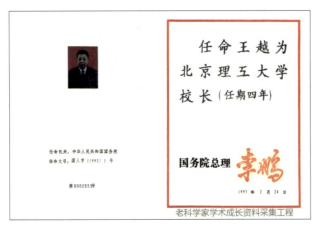

1993年王越被任命为北京理工大学校长

1997年，王越率先提出申请在武器类专业中增设"信息对抗技术"专业，1998年得到教育部的批准。北京理工大学成为首批成立"信息对抗技术"专业的四所院校之一。

专业创建起来后，王越开始着手打造一支经验丰富的理论与实践教学团队，该团队先后获得国家级优秀教学团队、国家首批黄大年式教学团队等荣誉称号。

担任北理工校长后，无论公务多忙，王越始终坚持上讲台讲课，同时承担本科生、硕士生和博士生的教学工作，时至今日，从未间断过。

耄耋之年，依然矗立于三尺讲台

2008年"信息系统安全及对抗教学团队"合影。从左至右：苏京霞、张笈、高平、罗森林、王越、王耀威、石秀民

20多年来,信息对抗技术专业共培养了1500余名毕业生,他们在各自的工作岗位上,为国防事业发展做出了重要贡献。王越的学生中,有教育部长江学者奖励计划特聘教授,有国家杰出青年科学基金获得者,有北京市教学名师,还有一大批工作在国防科技工业的总设计师、研究所所长等科技英才和国家栋梁。同时,王越组织推动的全国大学生电子设计竞赛,也坚持开展了20余年,成为国内有关领域颇具影响力的重要赛事,对电子信息类拔尖创新人才的培养起到了积极推动作用。

2018年9月7日,王越荣获北京理工大学首届"懋恂终身成就奖",他将本次奖金全部捐出,设立专项奖学金用于支持基础教育,奖励教基础课的优秀青年教师。

每一次上课前,都认真备课、撰写备课讲义

2001年王越团队获国家级教学成果一等奖　　2006年王越获国家级教学名师奖

王越出生于民国,经历了抗日战争、解放战争、"文化大革命"和改革开放,见证了国家和民族从站起来、富起来到强起来的伟大转变,并在这伟大的历史进程中,坚守爱国之情与报国之志,用深厚的学术造诣和独特的人格魅力培育和影响了一批又一批科技先锋、国之栋梁。他坚持教书和育人相统一,坚持言传和身教相统一,坚持潜心问道和关注社会相统一,坚持学术自由和学术规范相统一,立己正身、率先垂范,是科技人员的榜样和楷模,是令人景仰当之无愧的"大先生"。

第三节 朵英贤："中国95式枪族之父"

"坐地行空五十载，天公难老人易老。少不更事常跌宕，老来奋蹄赖痴熬。浓墨重彩绘改革，我言秋日胜春朝。"

——朵英贤

朵英贤，著名的武器设计专家，中国工程院院士，北京理工大学教授、博士生导师。1995年主持设计了95式自动步枪，被誉为"中国95式枪族之父"和"中国枪王"。他担任总设计师研制的95式自动武器，总体性能处于当时世界先进水平，获1998年国家科技进步一等奖，曾大规模装备部队。主编《近代兵器力学丛书》，共14册。出版《工程中的纵向振动》《自动武器设计新编》及《火炮与自动武器技术》等著作多部，发表《武器系统的现代设计方法》《参数识别与模态综合》及《半导体位移传感器原理》等高水平学术论文30余篇。

一、生性好动的"尕爷"

1932年，朵英贤出生在兰州黄河岸边的抚河村，黄河从西南奔来，抚过村子向东而去，村名由此得来。朵英贤出生时父亲已经56岁，在当地被称为"老生胎"，这使他年纪虽小，辈分却很高，侄子都比他大30多岁，甚至侄孙也比他大4岁，却要尊他一声"尕爷"。

"尕爷"小时候身体不好,是村里有名的病秧子,父母对他很是疼爱。尽管身体不太好,也没耽误"尕爷"每天快乐地到处玩耍。每天吃过早饭,他就到村头水渠边去找小朋友,然后一起到村外去玩,到了村外,他们摘树上的枸杞、挖土里的甘草吃。吃饱了就到水渠里玩水,有时候偷着跑到黄河边浅水里去泡水玩沙子。到了秋天,能吃的东西更多了,小伙伴们出门就带上小铲子和火柴,在地上挖个土坑,下面放好柴火,上面放上黄豆秧、土豆、大枣,然后点火烧烤。"尕爷"打的这些野食全是有机纯天然,营养丰富又美味,再加上每天在大自然的怀抱里无忧无虑自由成长,到了7岁开始上学的年纪,"尕爷"的身体慢慢好了起来。

二、在黄河文化摇篮中茁壮成长

黄河是中华民族的摇篮,中华5000年的灿烂文化在这里发源,并经久不息,历久弥新。

在黄河边长大的朵英贤,自幼就接受了儒家思想的启蒙教育,父亲爱读书,经常给朵英贤讲书里三纲五常、忠孝节义的故事。

抚河村是一个文化村,光绪二十一年(1895年)村里就有官办私塾。1938年,村里建起了抚河湾中心小学。学校以极高的教学质量在方圆百里闻名遐迩,不但本地的孩子都到这里上学,许多住在几十里外的农家子弟也带着干粮,更带着梦想与希冀,舍近求远到这里来读书。校长董应昌先生学识渊博,多才多艺,他爱国家、爱学生,全身心投入教育事业,为国家培养出许多栋梁之材。学校不但给学生打下了坚实的文化课基础,而且宣传抗日、文艺演出、体育比赛等各方面的成绩在县里都是排在最前列。学校不但教

1945年朵英贤从抚河村小学毕业时的照片

育了孩子,也教化了整个四邻乡里,董校长的教育思想和理念对朵英贤影响深远。

1945年8月,朵英贤考入兰州私立志果中学。校长赵元贞曾获美国矿学博士学位,他辞官兴办学校来振兴甘肃。赵校长非常重视学生德智体全面发展,尤其重视对学生进行爱国强国教育和品德教育,他还要求全体学生每天都要坚持长跑以强身。为了激发学生学习的积极性,学校建立了奖励制度,规定每门功课成绩在85分以上者,学费半免,90分以上者,学费全免。入学第二学期,朵英贤得到半免的奖励,从第三学期开始,他就不用交学费了。

一路求学的时光里,那些开启后辈心智的老师先贤们的谆谆教诲,在朵英贤的心灵里刻下了报效祖国的烙印。

三、如愿考入华北大学工学院

1948年,朵英贤进入西北师范学院附中读高中。尽管学校条件非常艰苦,但是在这里他却幸运地遇到了几位非常优秀的老师,这几位老师是因战时迁徙,从大学来师范学院附中任教的。

1951年6月,在老师们的鼓励下,朵英贤与另外13名同学一同去北京参加高考。

朵英贤报考的第一志愿学校是华北大学工学院(今北京理工大学)。

朵英贤抱着强烈愿望——考入华北大学工学院是有原因的:首先,他上学没有经济来源,而华北大学工学院对学生实行包干制,吃穿用全管;其次,学校直属重工业部,毕业后能直接从事相关工作;最后,学校前身是延安自然科学院,政治品牌相当好。在家里经济困难的情况下,朵英贤觉得这些待遇对他来说有很大吸引力。

1948年西北师大附中高中毕业留影

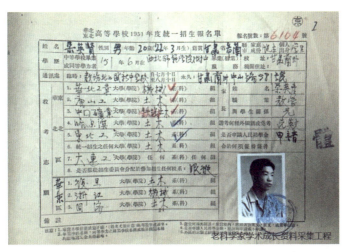

朵英贤填写的华北、东北高等学校1951年度统一招生报名单

华北大学工学院当年招生500名，全国考生把它作为第一志愿报考的超过1万人。朵英贤非常担心不能被录取。录取榜出来，得知自己被华北大学工学院录取后，他高兴得当场翻了一个跟头。

朵英贤被分到机械系学习。他非常珍惜来之不易的学习机会，在校成绩全部为优，体育成绩也很棒，他连续5年担任校篮球队的主力。他的社会工作

朵英贤是北京工业学院篮球队队员。图为他在球场上练球

1956年被评为三好学生后佩戴奖章留影

1956年在毕业设计答辩会现场留影

也很多,担任了4年班主席。此外,他还在寒、暑假协助学生会组织活动,参与爱国卫生活动及学校食堂卫生工作,生活非常充实。毕业时他被评为三好学生。

1956年2月,朵英贤被分配至重庆协作厂实习,并开始毕业设计。1956年7月,他撰写的毕业论文《分析射击时在MD41个机械主要另(零)件中产生的应力和断裂的原因》以优异的成绩通过了国家答辩委员会专家的评审。

朵英贤的自动武器设计功底较好,学院的于道文等教授对他甚是欣赏,最终把他留在自动武器教研室任教。朵英贤来教研室后的第一项工作是和同事一起筹建自动武器实验室。

四、研制67式机枪谱写华彩乐章

1958年秋天,国家给学校下达了一项任务,要求研制一种轻重两用机枪,不但要求性能先进,还要大幅减轻枪身重量。所谓轻重两用机枪是指同一枪身,装在特制三脚架上可以当重机枪使,使用自带两脚脚架就是轻机枪。这个项目是1956年国家拟定的十二年武器科研远景规划中的一个重点项目。

此时学校自动武器专业的于道文教授正带领大部分教师研制63式新自动步枪,能参加研制的教师只有朵英贤一个人。朵英贤非常高兴地接受了任务,他自己带领20多位高年级的学生满怀激情开始了工作。经过调研他们发现,在现有枪种的基础上进行改造是很难达到任务要求的,只有走重新设计和创新这一条路。当时创新的各种基础条件很差,国内只仿制过国外的两种轻机枪，没有研制过重机枪。

1958年67式机枪课题组在讨论设计问题。左一为朵英贤

朵英贤带领团队对机枪的心脏部件枪机做了创新性设计，枪机采用短枪机方案，并将国内一直采用的双程进弹系统改为单程进弹系统，新结构明显降低了重量，简化了结构，降低了加工成本。在设计枪架时首创了浮动技术，使射击时枪身的后坐力下降，大大提高了射击时全枪的稳定性和精准度，同时大幅降低了重量。样枪在北京"八一"射击场实弹射击后，得到解放军各总部首长和机关领导的高度评价。1967年，该枪经过六个循环的改进后定型。该枪的成功研制惊动了最高统帅，设计定型由毛主席亲自签署，也证明67式机枪非常出色。

1975年和1979年，67式机枪又经过两次改型，分别命名为67-1式和67-2式。

67式机枪获得1978年全国科学大会奖。67-2式获得1983年国家科技进步二等奖，它与当年国外最好的机枪处于同一

67-2式重机枪（图片来自网络）

水平。

67式机枪是我国首个完全自主设计制造的枪种,它在我国轻武器发展史上留下了亮丽的篇章。

五、磨难中不泯知识分子的良知

1963年,随着北京工业学院的院系调整,朵英贤被分到了太原机械工业学院。1966年,朵英贤因为妻子的冤案受到冲击,他被下放劳动,妻离子散,处境非常艰难。在这种境况下,他仍然出于纯真善良的本性用自己所掌握的知识来帮助别人,为国家做力所能及的工作。在单位掏粪种菜,他让食堂收获了从没有过的大量新鲜蔬菜;为了节省燃煤,他主动帮人改造家里的炉膛,帮单位改造锅炉;在甘肃油泵厂工作时,他看到农村拖拉机发动机上的三种配件因为设计问题造成使用寿命短,许多拖拉机常趴窝停驶,农民要跑很远的地方去买配件,他就重新设计了新型配件,让许多拖拉机重新行驶起来。

六、改型87式自动步枪

1980年,朵英贤重新回到北京,来到208研究所工作。1983年8月,朵英贤被任命为208所副总工程师。

20世纪80年代中期,军方为国庆40周年阅兵选择阅兵部队用枪很伤脑筋。当时刚好有一款小口径87式步枪于1987年完成设计定型。但87式步枪和81式一样,核心结构和外形都没有摆脱苏式血统。军方想把87式外形大改一下用于阅兵,虽然前期经过多次修改,但部队均不满意,于是以208所为主,由全行业进行攻关。1988年9月组建了改型团队,成立了三人领导小组,朵英贤任副组长。设计过枪支的人都知道,心脏结构不变,只改外形,那是非常困难的。他带领设计团队提出了五个方案,部队选定了其中一个。该枪1988年年底投入生产,1989年年底交付军方,被命名为87A式5.8毫米自动步枪,1991年该枪获部级科技进步二等奖。

七、研制95式枪族成为一代"枪王"

枪械系统虽然不像高精尖武器那样复杂，但成功的难度也特别大，所以行业内一直有这样一句话叫"轻武器不轻"。20世纪90年代以前，我国枪械主要还是仿制苏联产品。80年代，小口径枪族成为当时世界的主流产品。80年代中期，朵英贤开始系统追踪研究西方国家小口径枪族的结构设计。

5.8毫米口径步枪的优点是后坐力小、射击精度高、枪弹重量轻，战士可以携带更多的子弹。为了使我国5.8毫米小口径枪族达到世界先进水平，以满足军方需要，我国决定重新设计研制新5.8毫米枪族。

1990年9月，58岁的朵英贤被任命为"新5.8毫米班用枪族系统"总设计师，设计目标要求是必须达到世界先进水平，且要在5年内完成设计定型。当时的研制条件反而不如20世纪50年代，技术人员流失严重，设备陈旧老化，材料、工艺及元器件落后，所以研制难度非常大。朵英贤带领技术人员以"发扬优势、缩短差距、创出新路"为指导方针，以自己前几年深思熟虑的技术方案为依托，开始了一生中最为紧张的研制工作。

研制过程中，朵英贤充分吸取了当年研制67式机枪的宝贵经验，借鉴利用了一些87式枪族的技术成果，同时不断通过实验研究国外同类枪械的最新技术动态，研究各系统的优缺点，分析其改进的脉络，谨慎地进行动态特性设计，务必使各种先进性能在本枪族上得以体现。

美国"小口径步枪之父"斯通纳设计的M16步枪以精准度高闻名于世，但其可靠性差些。苏联"枪王"卡拉什尼科夫设计的AK47步枪以可靠性著称，但精度较差。朵英贤研究发现，两位"枪王"都曾长期当

卡拉什尼科夫（左）与尤金·斯通纳（图片来自网络）

兵，都有实战经验，但都是理论功底稍差，两枪的力学结构都有其问题和弱点，他意识到，力学结构设计是能否成功的关键。朵英贤进行了大量理论计算研究，并通过实践来解决问题。

此前研制67式、改进87式，朵英贤经常深入生产第一线，他对许多种材料及其表面特性，以及各种冷热加工、精加工的手段及设备都有研究，这让他敢于大胆地将许多新技术新材料应用于95式枪族。

1991年12月5日朵英贤在北京主持召开方案论证第二阶段工作会并发言

1993年3月朵英贤在评审会上介绍新5.8毫米枪族样枪方案

经过近5年的努力，新式小口径枪族的研制经过方案论证、工程设计、技术攻关、系统工厂鉴定、设计定型试验及部队使用试验共六个阶段，1995年，整个系统一次性通过成品设计定型。95式枪族采用的自动机动力学模型，兼具美国的M16枪族的射击精度和俄罗斯的AK47枪族的使用可靠性,主要性能指标与国外同类名枪包括M16和AK47相比,95式的体积最小,重量最轻,直射距离最远,毁伤威力最大。可以不夸张地说,朵英贤超越了斯通纳和卡拉什尼科夫两位老"枪王",成为一代新"枪王"。

1997年朵英贤在桂林陆军学院指导95式机枪测试　　　1997年朵英贤在桂林陆军学院射击场手持95式自动步枪英姿

1997年8月5日的《解放军报》高度评价95式枪族:"最具代表性的小口径枪族,设计合理,性能先进,结构新颖,使用可靠,造型美观,总体性能和主要战术技术指标已达到世界领先水平。这标志着我国轻武器研制发展已实现历史性跨越。"同日,国内一些重要媒体也做了相关报道。

1997年,香港回归。香港回归标志着中国人民洗雪了香港被侵占的百年国耻,标志着我国在完成祖国统一大业的道路上迈出了重要一步。在此重要时刻,中央军委决定采用代表了当时我国轻武器枪械最高水平的95式步枪作为驻港部队配枪。95式步枪首次公开惊艳亮相,立即吸引了世界的目光,让我国军队和军迷为之一振。95式步枪的问世,是我国轻武器在赶超世界先进水平发展进程中的一个里程碑,也标志着人民解放军在轻武器装备方面翻开了新的一页。

95式步枪列装以来,除了经历执勤训练等日常任务的考验外,还历经多次实战任务的考验。由于尺寸短,便于携带,连空降兵和装甲兵都能使用,这大大增强了我军的单兵作战能力,因而广受部队官兵的好评。

1998年,朵英贤因为研制95式枪族获得国家科技进步一等奖。

95式枪族图片

八、当选中国工程院院士

1999年,中国兵器工业系统推荐了7位工程院院士候选人,朵英贤是首次被推选,结果只有朵英贤一人当选,对此朵英贤谦虚而又真诚地说:"其他6位候选人都是名震兵器行业的砥柱人物,学识和业绩都在我之上,这只能说我是碰了运气。老天也有走眼的时候,我没必要过分高兴。"

九、落叶归根　壮心不已

1995年,完成了国家重点项目后,朵英贤退休了。他本想读读书,充实一下自己，并好好调养一下身体。但自从1999年当选院士后，他的想法变了。海湾战争改变了战争的模式，轻武器的发展遇到了新的问题，传统技术已经与其他学科交叉融汇，目标、对目标的作用、机动方式、感知能力都要做重大的调整和提升，我国轻武器还需要不断改进提升技术水平，朵英贤又燃起了探索未来轻武器发展途径和方向的激情。静下心来，他又想起了自己大半人生之路中最快乐的一段时光，那就是5年的大学时光，他想念母校，想起了当年在母校那些激情燃烧的岁月，现在那里有和自己当年一样风华正茂的莘莘学子，他要把自己一生所学传授给他们，并和他们一起继续奋斗前行。

母校热情接纳了这个曾为自己增光添彩的学子。2000年8月，在母校建校60周年大庆前夕，朵英贤重新回到北京理工大学工作，担任机电学院教授、博士生导师。

2014年，82岁的朵英贤在北理工的办公室指导学生

2013年朵英贤撰写的回忆95式枪族研制过程手稿

2012—2014年朵英贤在北京和香港出版的个人传记和著作

2016年1月3日晚,中央电视台科教频道播出了新年特别节目系列专题片《总师传奇》。该片展示了"中国枪王"朵英贤院士投身国防科研的奋斗历程。

2016年1月3日中央电视台科教频道播出的《总师传奇》

2018年9月8日,北京理工大学武装部承办"北理工百家大讲堂",朵英贤为军训学员做了《九五枪族的前世今生》讲座。86岁高龄的朵院士以"师兄"的身份,向在座的同学们讲述了自己当年骑毛驴上大学的经历,从亲历者角度回顾了我校的光荣变迁史,讲述了自己为研制95式枪族奋勇拼搏的故事,他殷切期望年轻一代,不负韶华,努力攀登世界武器最高峰。

第二部分　矢志国防的北理工人
——庆祝北京理工大学建校80周年

2018年9月8日为军训学生做《九五枪族的前世今生》讲座

朵英贤出生在贫困的西北农村,年轻时遭遇坎坷,屡遭不幸,但一直有自己的梦想和坚韧的意志,他说自己的人生就是自我矛盾的一生,他常用父亲的话宽慰自己:"苦难是与生俱来的,那是前世积淀的业,要伴你一生。一旦遇到绝望的时候,要记住八个字:比上不足,比下有余。"从华北大学工学院到北京理工大学,朵英贤对学校感情深厚,曾一度离开,兜兜转转,68岁时又回到北京理工大学。在这里,他曾当过5年学生,现在又是老师,他是中华人民共和国成立后自主培养的第一批自动武器专业人才,几十年来,他见证了我国兵器学科的发展进步,也积累沉淀了研制枪族的深厚理论基础和丰富的实践经验,他要让年轻晚辈踏上他的肩膀,把他们托举为更新一代"枪王"。

"中国枪王"这个称号,朵英贤当之无愧!

第三章

共和国之恋

"在爱里在情里,痛苦幸福我呼唤着你,在歌里在梦里,生死相依我苦恋着你……"这首深情动人的《共和国之恋》,打动过无数国人。

在北理工的院士里,有4位是20世纪50年代、60年代被国家选派到苏联留学的,他们怀着对祖国的挚爱,为了祖国的国防科技事业,在国外刻苦攻读,学成之后都毫不犹豫地回到祖国,用自己学到的先进科学技术为祖国建立殊勋。董海山是他们中的成员,在前章中已经出现过。本章讲述的是另外两位留苏院士的故事。

第一节　周立伟：电子光学世界里的不懈求解者

"我记得那是1978年5月的一个晚上，我躺在床上，思考这一问题。后来迷迷糊糊地睡着了，忽然来了一个思路，似梦幻般，突然醒了，想到一个解，急忙起来，把它记下来……"

——周立伟

周立伟，1932年9月出生于上海。电子光学与夜视技术专家。1958年毕业于北京工业学院，1966年获苏联列宁格勒电工学院物理数学副博士学位。北京理工大学教授、博士生导师。研究宽电子束聚焦普遍理论，同心球系统、倾斜型系统和移象系统的电子光学，电子光学传递函数、宽束电子光学成像系统的正、逆设计等，在宽电子束聚焦理论与设计中建立了较为完善的理论体系，发展了宽束电子光学。其研究成果为我国微光夜视行业独立研制、自主发展做出了重大贡献。获国家和部委级奖励多项。发表论文230余篇，出版专著9部。1999年当选为中国工程院院士。

一、少年时代的记忆

1932年9月17日，周立伟出生于上海市一个制药工人的家庭，祖籍浙江诸暨藏绿。父亲周吉民为人忠厚，乐于助人。母亲王桂英是一名家庭妇女。父母对小立伟非常疼爱，但也很重视培养他的良好品行。一家人的生活靠父亲当药店店员的收入和朋友的帮助维持。

1936年周立伟4岁时在照相馆留影

1937年8月13日，淞沪会战爆发，随后日本侵略军占领了上海。母亲带着周立伟和姐姐弟弟逃难到了老家诸暨藏绿。后来上海局势平静一些后，父亲又把他们接回，把周立伟送到了离家很近的培正小学读书。

当时周家住在街边同德堂药店的楼上，正对面是船码头入口，日本兵在那里设岗盘查进出此地的行人和货物。中国人受屈辱的场景使幼小的周立伟深受刺激，他心中充满了对侵略者的仇恨，同时也萌生了一个愿望，就是长大以后当兵，保卫国家。后来他选择上军工大学、成名后很少到日本访问讲学，都和这个心结有关。

培正小学除了在学业上让学生受到良好的教育，还非常注意用苏武、岳飞、文天祥等民族英雄的故事对学生进行爱国主义教育，《满江红》《苏武牧羊》《毕业歌》至今还深深留在周立伟的记忆里。

1946年秋，14岁的周立伟来到位于浦东的高桥中学上学。高桥中学是一所环境优美的学校，他住宿在学校。在高桥中学2年多的学习，是周立伟一生中最快乐的时光。

上海高桥中学外景

二、难忘国立上海高机的岁月

抗战胜利后,物价飞涨,父亲微薄的薪水难以维持全家的生计,姐姐弟弟没有继续升学。懂事的周立伟明白,自己的书也不能这样读下去了,他想早点工作,学一门技术帮父亲养家糊口。周立伟考入国立上海高级机械职业学校就读(简称国立上海高机)。国立上海高机是一所培养中级专业技术人才的学校,学生免交学费和伙食费,这对像周立伟这样穷人家的孩子有很大吸引力。慈爱的父亲把全家最值钱的东西——自己的手表卖了,给他买了一身校服。

国立高机聘请了很多有名望的教师来授课,开设的课程很多。学校既重视为学生打下扎实的理科基础,又十分重视培养学

上海国立高机校门旧照

生动手能力和解决实际问题的能力。学校有藏书多达2万册的图书馆,有多个实验室和实习工厂。周立伟很喜欢工厂里的各种实习活动,他还到处搜罗小零件,自己组装了一台收音机,这令同学们大吃一惊。

1949年5月,上海解放了。他感受到新中国发生了翻天覆地的变化,上海的天空都比过去光明灿烂。他亲眼看到进城的人民解放军军纪严明,不入民宅,晚上就睡在大街上。他非常钦佩解放军,也想成为他们中的一员。

1950年抗美援朝战争爆发,早就心怀当兵报国梦想的他报名参军,但由于当时体质很差,体检没有通过。

周立伟只得又回到了学校继续读书。多年以后他回忆这段生活时说:"国立上海高机这一段的学生生活真的很美好,这是多么让人留恋的岁月,又有多少让我思念的人和难以忘怀的事……现在回味那段日子,真是青春年少,岁月不知愁啊!"

 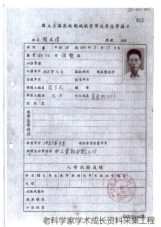

1951年周立伟的国立上海高级机械职业学校毕业照和学生学籍片

三、上海华通电机厂的技术革新能手

1951年7月,周立伟从国立上海高机毕业,被分配到上海公私合营华通电机厂工作。在华通电机厂大量制图画图打下的基础,使周立伟获益匪浅。

在电表车间任技术员时，他发现工人绕线圈时全是用手工，劳动效率极低。他设计研制出了一种绕线机，一下将工效提高了7倍多，极大地减轻了工人的劳动强度，全厂上下都高兴。1952年6月18日，上海《劳动报》以"装一只绕线车工作快七倍半"为题专门报道了此事。厂里也十分重视这件事，把他的工资连升了3级。

尽管周立伟在业务上进步很快，工资也很高，但他还是感到自己的知识太贫乏了，有许多设计工作他做不了。他有了一个强烈的愿望——去上大学！

1951年周立伟在华通电机厂工作时期的个人照和1952年6月18日上海《劳动报》关于周立伟装绕线车之事的报道

四、心怀军工报国梦报考北京工业学院

1953年6月，周立伟参加了复旦大学工农干部补习班，他是补习班里的尖子生。9月，北京工业学院（今北京理工大学）来上海招生，招生老师向他介绍了学校的性质特点后，他一下就动心了，他要用自己亲手制造的武器保家卫国。他填写了两个志愿：第一个是北京工业学院，第二个是哈尔滨军事工程学院。

1953年10月，周立伟作为调干生被北京工业学院录取，到校后被分配到仪器系8531班，专业是军用光学仪器设计与制造。这个专业是当时我国第一个军用光学仪器专业，培养的人才是国家急需的。

8531班学习优秀的学生很多。周立伟非常珍惜来之不易的学习机会,他勤奋努力,星期天也很少休息,他的学习成绩在班里属上游。在校期间,周立伟打下了非常扎实的基本功。他学得最好的课程除了光学仪器理论

大学8531班部分同学合影。后排左三为周立伟

外,还有机械课程,处于全班第一,另外,他画的图纸是全校最好的,制图老师说他画的图纸比老师画的还好,甚至开玩笑对他说他不用上制图课了。

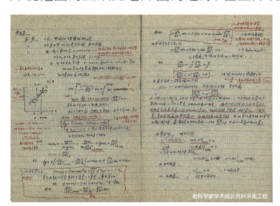

1955年周立伟读大学时的偏微分方程学习笔记

1956年周立伟的光学仪器理论课堂笔记

五、浓墨重彩的留苏生涯

1958年7月,周立伟被系里定为第一人选留校工作。不久他被派往北京大学进修,并负责筹建夜视技术专业。几年后他不负众望,写出了《电子光学理论和设计》教材。

1962年周立伟个人照

1962年11月,学校派周立伟到苏联留学,任务是攻克夜视器件的电子光学理论与设计,他来到了列宁格勒电工学院。导师看中了周立伟的大学专业和良好的数理基础,竭力劝说他协助自己搞超高频电子光学这一在当时看来十分时髦的课题。

高频电子光学在当时是很热门的专业,学这个技术不仅容易拿到学位,回国后也能够做出成果,于他个人的发展是有好处的,但考虑到国家当时急需的是夜视技术,周立伟谢绝了导师的邀请,下定决心坚持自己出国留学的初衷:无论有多难,都要攻克夜视器件的电子光学理论与设计。他决心自力更生闯出一条道路来,实现自己出国前的诺言。

导师拒绝再与周立伟交流,他只好孤独探索。在苏联的3年多时光里,他去得最多的地方就是列宁格勒谢德林图书馆和苏联科学院图书馆,每天他都在图书馆里查资料、做笔记、阅读思考,从早到晚,一分钟也不愿意浪费。

1963年的一天,在列宁格勒谢德林图书馆,周立伟看到一篇苏联学者写的研究两电极同心球系统中电子束形成的文章,他发现一个公式的表达出现了错误,当他给出了正确的公式后,他有了豁然开朗的感觉。经过认真思考论证,他选定了静电聚焦同心球系统的电子光学作为研究突破口。1966年年初,他写出了自己的学位论文——《轴对称和球对称成像系统的像差理论》。

在论文答辩的时候,周立伟写了十六块板书,上面有许多密密麻麻的数学公式。有的公式连参加答辩的专家也看不太明白,他们说:"这个太复杂了,行了行了。"这样在很短的时间里,他以22票全票通过了物理数学副博士学位论文答辩。

事实上,周立伟对静电聚焦同心球系统的研究深度已经超过了当时的苏联学者,苏联学者只解决了前面简单的特殊问题,后面复杂的问题都没有解决,而周立伟把这个问题从头到尾全都解决了。他继承了苏联的学派,又发展了他们的学派。他的论文对世界电子光学界产生了重大影响,澄清了当年电子光学界许多模糊不清的问题。

一个没有导师的副博士生,完全靠自己完成学业拿到学位,所做的研究在世界处于领先地位,这是多么不容易,也是很少见的。

2018年,周立伟回忆当年在苏联所做的工作时说:"我认为我在苏联的工作奠定了我一生工作的基础。"

六、创立宽束电子光学学派

1966年5月,周立伟带着2400余页亲手书写的文献手稿回到了日思夜想的祖国和母校。"文革"期间,学校发生武斗,周立伟回到上海老家躲避,期间他每天徒步到南京路上海图书馆读书,翻译自己的

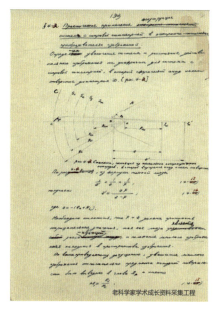

周立伟副博士学位论文手稿第133页

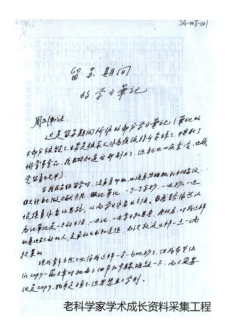

周立伟对留苏期间的学习笔记做的注释。这对当代青年仍有很好的借鉴指导意义

学位论文。

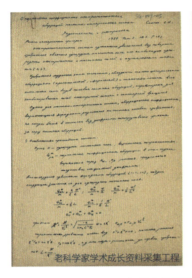

1966年周立伟留苏期间的学习笔记

1972年，周立伟把自己的副博士论文编写成《变像管与像增强器电子光学》作为教材。

1975年，周立伟参加了国内微光夜视技术的攻关会战，与同事一起研究变像管和像增强器的电子光学系统计算与设计，取得可喜成果。

1977年开始，周立伟将在苏联的研究成果进一步向前推进，他的研究领域从同心球静电聚焦系统转入电磁聚焦系统，并在宽束电子光学的电磁聚焦同心球系统电子光学、移像系统电子光学、倾斜型系统电子光学、电磁复合聚焦阴极透镜的像差理论、阴极透镜的电子光学传递函数等多个方面取得了卓著的成就，创建了宽电子束聚焦与成像的较为完整的理论体系。

新世纪开始，周立伟又把静态电子光学的理论推广到成像系统的动态电子光学领域，并提出了直接积分法求解成像系统的时间像差理论。

周立伟在理论探索时经常需要进行大量的数学计算来求解，为了研究一个同心球系统的理想成像规律，他花了整整三个月的时间夜以继日地工作，忘我地投入工作，在他的脑海中有时会出现解决问题的直觉和灵感，正是天道酬勤。

1978年，与方二伦、冯炽涛合作的项目《变像管和像增强器的电子光学系统计算与设计》获全国科学大会奖。

1980年，著作《电磁聚焦同心球系统的电子光学》获兵器工业部技术改进成果奖二等奖。

1991年，"宽电子束聚焦理论与设计"研究成果荣获部级科技进步奖一等奖和国家科技进步奖二等奖。

1993年，专著《宽束电子光学》出版后，得到国内外光电领域专家高度评价，杨振宁的老师、中国科学院院士孟昭英亲自为此书撰写序言，并提名周立伟为中国科学院院士候选人。

1991年中国兵器工业总公司科技进步奖一等奖证书

此书1994年荣获第八届中国图书奖，1995年获第七届全国优秀科技图书奖一等奖。

 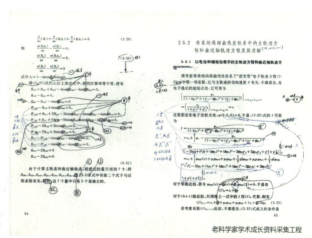

1993年出版的《宽束电子光学》及修改稿

俄罗斯科学院普通物理研究所研究员Монастерский博士对周立伟说：

"我读了您的著作(《宽束电子光学》)和发表的文章,我认为,在这个世界上,真正懂得成像电子光学的人,只有您和我两个人,其他国家都不足道也。"诺贝尔奖奖金获得者、俄罗斯科学院普罗霍洛夫院士赞誉周立伟:"你是你自己的科学学派的创立者。"

在重视理论研究的同时,周立伟又将理论成果用于成像系统的计算与设计中。从20世纪80年代开始,他就和同事一起研究用计算机设计像增强器电子光学系统,把动态电子光学时间像差计算的内容融合到静态电子光学系统设计中,形成了ODESI-SD软件包,取得了重大的社会经济效益。

1996年中国兵器工业总公司科技进步奖一等奖荣誉证书

1996年,项目成果"像管电子光学优化设计及ODESI软件包"获国家科技进步奖三等奖和中国兵器工业总公司科技进步奖一等奖。

1999年,周立伟当选中国工程院院士。

2000年,周立伟当选俄罗斯联邦工程科学院外籍院士。

1997年周立伟与萨玛拉航天大学校长索菲尔院士出席名誉博士授予仪式现场照。左二为周立伟

七、科研学术活动趣事

1. 追求科学的美

周立伟在研究考察科学问题时,常常追求科学美和形式上的简洁,这已经成为他的习惯。他认为,如果得到的解是一大堆符号和公式的堆积,形式上不简洁美观,其中必有问题。奇妙的是,他在苏联做的工作还证明了黄金分割0.618法则在成像电子光学系统中也是成立的。

$$r(z)=2\sqrt{\frac{2m_0}{e}}\frac{\sqrt{\varepsilon_r}}{B_c}\left\{1-\frac{n-1}{n}\frac{z}{l}\right\}\sin\psi(z)$$

这是1978年5月的一个夜晚,周立伟梦中想到的电子轨迹r的解,简洁漂亮。

2. 科研"三剑客"

周立伟有一个三个人组成的科研小团队,周立伟负责搞模型、写理论、写公式,冯炽涛专门负责计算,方二伦负责编程序。三人合作了二三十年,取得了很多重要成果。周立伟称他们三人为"三剑客"。

20世纪70年代周立伟在阅读

3. 照相机一样的好记忆

20世纪70年代周立伟到英国参观夜视实验室,回到旅馆就凭记忆把看到的阴极检控仪器画了出来。后来他和同事做这个仪器就是用当年画的这个图纸。复杂的仪器看一看就记住了,眼睛就像是照相机,而且是三维立体相机。

1973年参观英国兰克公司光学部听取外方人员介绍情况时留影。左三为周立伟

4. 当学术裁判

在动态电子光学领域有两套理论，一套是俄罗斯科学院普通物理所的Tau变分时间像差理论，另一套是周立伟的直接积分法时间像差理论，到底谁的对？俄罗斯科学家非常想知道答案，他们找到周立伟求证。周立伟用一个理想系统对两套理论进行了检验，结果两套理论殊途同归，都对，但还是周立伟的理论更简洁。俄罗斯科学家既服气又高兴。

1990年10月19日与到访北京理工大学的苏联专家在学校大东门前合影。左二为周立伟

5. 改革开放初期参会往事

1978年，英国有个学术会议邀请周立伟参加，英国人写了一封信通过外交部转交给了他。学校知道此事后意见分成了两派，一派支持他去，一派说周老

师可能会叛国,说到了那儿他不回来怎么办。有人出主意,让别人代替他去,可是周立伟的文章没有人能看得懂。后来还是时任国务院副总理王震签发了出国任务报告,由系主任担保,让周立伟当团长带队参会。周立伟在英国做完报告回到了学校,不但没叛国,还给国家争得了荣誉。此后不久,参加此次会议的一个美国同行又邀请他去美国讲学。

北京理工大学访苏代表团代表周立伟、苗瑞生教授参观古比雪夫航空学院实验室。中间为周立伟

"实际在科学研究上,我走的是一条艰辛的路。可以说,几乎每一篇论文、每一个课题都是费了很大的力气。漫长的探索、挫折与失败,使我有时甚至怀疑自己在科学研究上继续探索的能力和前途,感到自己'江郎才尽'了……我能做出一点成绩,是自己一直有这样的信念,要在电子光学上走出自己的一条路来,这个目标始终鼓舞着我,锲而不舍地努力去实现这个目标,并且把个人的理想、志愿、兴趣与祖国的需要结合起来。虽然我现在的思维比不上从前年轻的时候,但我还在科学的道路上,蹒跚地前进。"

——周立伟

第二节　崔国良：再筑长城箭倚天

"50年来,我一直努力、勤奋、脚踏实地从事科研和技术管理工作,年长日久伴随着有毒有危险的工作,但我从未退缩!"

——崔国良

崔国良,1931年7月出生于河北阳原,固体火箭推进剂与发动机专家。1956年毕业于北京工业学院(今北京理工大学),1961年获莫斯科门捷列夫化工学院副博士学位。1999年当选为中国工程院院士。

1961年6月,崔国良从苏联学成归国,9月进入国防部第五研究院从事复合固体推进剂的研究,之后便将一生奉献给该事业。他亲历了复合固体推进剂研制的初创时期,带领研究团队克服种种困难,使复合固体推进剂能量不断提高,从低能到中能再到高能。20世纪60年代,他研制的低能复合固体推进剂,用于我国"长征一号"运载火箭末级固体发动机,为我国第一颗人造地球卫星"东方红一号"的发射成功做出了贡献。70—80年代,他担任"巨浪一号"潜地导弹和"东风21号"地地导弹副总设计师,成功研制中能复合固体推进剂,并应用于潜地导弹"巨浪一号"和我国第一颗地球同步轨道通信卫星远地点发动机以及返回式卫星反推发动机。80年代末期,他作为首席专家,带领团队研制出高能固体推进剂,使我国成为继美国之后第二个拥有当时能量最高、性能优良的高能固体推进剂的国家,为研制新型固体洲际导弹奠定了一项重要技术基础。

崔国良一生致力于科技创新,取得了丰硕的科技成果。1978年,他获四项全国科学大会奖,1985年,"'巨浪一号'固体潜地战略武器及潜艇水下发射"获国家科技进步奖特等奖;他主持的"高能推进剂配方和高能推进剂发动机先期技术演示验证试验"获国家科技进步奖二等奖。

一、乱世坎坷求学路

1931年7月,崔国良出生于河北阳原。父亲崔象是读过私塾的文人,姑姑崔芝瑛毕业于保定第二女子师范,曾担任高级小学的校长。

1938年夏,崔国良入城关小学校读书。1944年春,多年卧病的母亲在饥寒交迫中去世。为求生计,父亲为不满14岁的崔国良在张家口找到了一个当学徒的差事。

1946年11月的一天,崔国良听说曾被日军封闭的察哈尔省立张家口中学复校,正在面向社会招收初、高中学生。他毫不犹豫地投考,被录取插入初中二年级学习。

1946年崔国良就读的察哈尔省立张家口中学

二、奋斗不辍露头角

1951年夏季，高中毕业的崔国良迎来了新中国第一次高等院校全国统一招生考试。听说华北大学工学院是一所不用交学费的新型大学，他就毫不犹豫地在第一志愿栏里填写上"华北大学工学院"。

经过激烈角逐，崔国良被华北大学工学院化学工程系火药专业录取，所在班级编号为5511。

在华北大学工学院，他遇到了张汉良、丁敬、周发岐等一批海外留学归来的教授和科学家。

庭院式的校园，绿树掩映下大屋顶式传统建筑风格的教学楼，窗明几净、藏书丰富、分类齐全的图书馆和阅览室以及设备完善的实验室，让崔国良感觉置身于知识的海洋之中。

1951年8月18日《光明日报》刊登的华北大学工学院录取榜，崔国良被化工系录取

1954年春，5511班在校门口合影。二排右一为崔国良

从偏僻的农村来到北京，崔国良刚入学时学习成绩和工作能力都不算突出。但是经过他不懈的奋斗，成绩突飞猛进，与火炸药相关的基础课、专业课几乎都是5分，毕业时被学校推荐赴苏学习机密专业。

1952年国庆节，北京工业学院5511班男生合影。二排左三为崔国良

三、负使命师从"喀秋莎之父"

1956年大学毕业前夕，崔国良被学校推荐为公派赴苏联留学人选。他在填写留学志愿时写道：最好是学习国防工业。

在完成将近一年的留苏培训后，崔国良确定由国防部第五研究院派往苏联学习固体推进剂专业。

被称为"喀秋莎之父"的门捷列夫化工学院化学工程系主任巴卡耶夫教授是苏联火药方面的权威，而崔国良则是巴卡耶夫接收的唯一外国研究生。

1957年在莫斯科门捷列夫化工学院门前合影。右二为崔国良

1961年5月，崔国良（中）与导师巴卡耶夫（右一）及助教杜斌娜（左一）合影

1961年5月，门捷列夫化工学院校报刊登了崔国良的论文《影响硝化纤维吸收性能的主要因素》获得学术委员会通过并取得副博士学位的消息。

1961年6月门捷列夫化工学院校报报道三位中国留学生通过副博士论文答辩

四、投身零起点的事业

1961年6月，崔国良回到祖国完成三个月的总结培训后，便奔赴西安，投身

到复合固体推进剂的研究工作中。

20世纪60年代，我国固体推进剂的研究正处于初创的艰难时期，零起点又缺乏可借鉴的资料。

1962年，崔国良凭借记忆结合自己在门捷列夫化工学院学习期间的研究成果，用回忆录的形式将固体推进剂的类型、基础配方、配方组分中各成分的作用、工艺、检测方法和推进剂物理稳定性的研究等整理成文字。

这份回忆和总结不仅为研制队伍全面了解固体推进剂的知识发挥了重要作用，也为崔国良后续的研究提供了扎实的理论储备。

1965年5月崔国良在750部队留影

1962年，崔国良回忆整理的关于固体推进的系统介绍

1962年5月18日，钱学森在五院党委常委扩大会上传达聂荣臻的指示：美、苏的许多导弹都逐渐转向用固体发动机，因此国家下决心搞固体导弹。

崔国良被确定为固体火箭专业发展规划小组成员，在钱学森的指导下，通过查阅国外文献资料及调研，提出型号发展的规划建议。

1965年1月24日在泸州参加国防部第五研究院四分院第二次技术工作会议合影。第三排左九为钱学森、第四排左八为崔国良

五、转战荒原立新功

1965年2月,崔国良担任了配方研究室主任,组织含铝推进剂配方的研究,当年8月在发动机装药扩大试验中连获成功。这个配方不仅彻底清除了发动机不稳定燃烧的问题,而且在我国开辟了固体复合推进剂研究的新途径,

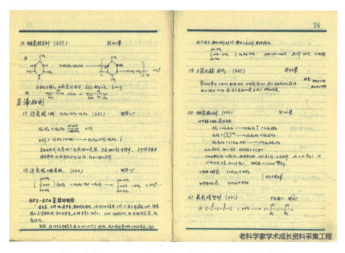

崔国良摘录的国外固体推进剂的各种技术参数

从此以后的各个复合推进剂系列配方都采用铝粉作为主要组分之一。

1965年9月，崔国良奔赴内蒙古郊区新建的固体火箭基地，担负起研制我国第一颗人造地球卫星"东方红一号"运载火箭第三级发动机推进剂的任务。

1970年4月24日，崔国良所在团队研制的"长征一号"运载火箭第三级固体燃料发动机完成了末级助推任务，将"东方红一号"卫星顺利送入太空，为我国第一次航天活动立了大功。

1970年4月，《人民日报》报道了我国第一颗人造地球卫星发射成功（图片来自网络）

1978年，全国科学大会颁发给崔国良所在团队的奖状。合作成果为"东方红一号卫星运载火箭第三级固体发动机"等四项

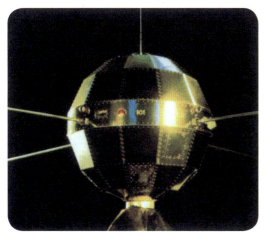

1970年4月24日，"东方红一号"人造卫星升空（图片来自网络）

六、天降大任战巨浪

1978年7月,崔国良担任"巨浪一号"两级固体燃料火箭的副总设计师。1982年10月,"巨浪一号"发射成功。

1982年10月,"巨浪一号"导弹水下发射出水瞬间(图片来自网络)

七、志在万里 突破高能

从20世纪60年代开始,美、英、法等发达国家相继开始研究高能固体推进剂,形成了高能推进剂研制热潮。

1985年,崔国良夫人刘宝芬撰写了系统介绍NEPE推进剂的研究报告,启发了崔国良发展我国高能推进剂的思路。因此其办公桌上有句崔国良自己写的话——"你有今天是托你太太的福气"。刘宝芬1955年毕业于北京工业学院化工系炸药专业,1957年被国家选派留苏,在那里与崔国良相识相恋。

1960年9月崔国良和夫人刘宝芬在苏联合影

1991年崔国良在办公室留影。桌子上写着"你有今天是托你太太的福气"

1985年7月,崔国良提出加快我国高能固体推进剂研制的建议。

1991年6月17日,国防科工委正式批准成立由航天、兵器、化工部,以及中科院、北京理工大学等多个系统和单位参加的NEPE高能固体推进剂联合攻关组,崔国良担任组长,负责制定总体技术方案和重大技术问题的决策。

研制过程中,崔国良每次都亲临一线参加讨论,时常下到测试车间去观看测试过程。

1993年,高能固体推进剂配方攻关取得阶段性成功,固体发动机绝热层、衬层(包覆层)的攻关开始提上日程。

1990年7月9日,崔国良在卫星发射架前留影

1998年,NEPE高能推进剂先期技术演示验证试验发动机试车圆满成功。

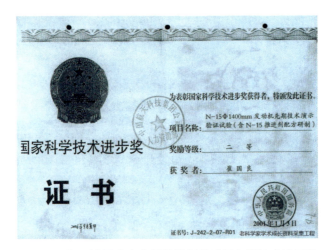

2001年，崔国良在高能推进剂发动机先期技术演示验证试验（推进剂配方研制）项目中获得国家科学技术进步奖二等奖

八、一切荣誉归于党

1999年，崔国良当选为中国工程院院士。

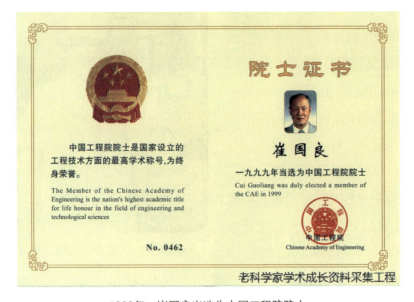

1999年，崔国良当选为中国工程院院士

九、理想的升华

幼时的崔国良口吃、内向、寡言,但是他有着一颗倔强不服输的心,不向逆境低头,始终怀揣努力改变命运的信念和决心。

无论对于学习还是工作,崔国良都是极其认真,他感恩于新中国改变了自己的人生命运,让其有机会进入北京工业学院学习,特别是被国家送到苏联留学后,在更加广阔的视野中,他看到了新中国建设的未来,也认识到个人命运与国家命运的密切关系,逐渐完成了从个人奋斗向为祖国强大而奋斗一生的理想升华。从苏联留学归国后,他即刻投身于复合固体推进剂研究的伟大事业之中——他主持研究的复合固体推进剂跨越了从低能到中能再到高能的三个发展阶段,这使他成为同时代复合固体推进剂专家中技术跨度最大、研究成果最丰硕的专家。

2009年10月1日,崔国良在战略武器方阵前留影

2009年10月1日,崔国良参加了国庆60周年阅兵活动,在参与研制的战略武器导弹方阵前,他留下了珍贵的纪念照。那些导弹是他的作品,多少次,他怀着紧张激动的心情注视着它们在烈焰中腾空升起,那情景正像《共和国之

恋》催人泪下的结尾:"纵然是扑倒在地,一颗心依然举着你,晨曦中你拔地而起,我就在你的形象里。"这首歌就是为他和许许多多像他一样为共和国奉献一生的人们唱的颂歌!

伟大的时代需要伟大的精神。今天,我们正处于百年未有之大变局,担当着建设世界科技强国的时代使命,走在中华民族伟大复兴的"新长征"路上,因此亟须在全社会加快培育促进科技事业健康发展的强大精神动力,激励广大科技工作者勇担国家使命、树立人民情怀,引导他们追求真理、勇攀高峰,矢志不移地开展自主创新、开发核心技术。让我们向老一代北理工人学习,大力弘扬爱国、创新、求实、奉献、协同、育人的新时代科学家精神,不负时代使命、勇当开路先锋,为实现中华民族伟大复兴的中国梦而努力奋斗!

向矢志国防的北理工科学家致敬!

火箭发射升空瞬间

第三部分

党的事业就是我的奋斗方向
——科学家入党故事选粹

百年回响，其道大光。中国共产党自建立以来，始终秉持初心，团结引领全国人民，致力于人民幸福、国家富强和民族复兴。为此，中国共产党向来提倡科学、尊重知识，在政治上尊重科技人才，在工作上依靠科技人才，在生活上优待科技人才，牢牢地将科技界汇聚在党的旗帜下，共同为民族解放事业和国家经济建设而开拓进取、努力奋斗。在此过程中，广大科技工作者积极响应、向党靠拢，以各自的智慧乃至生命，为国家的独立自主、人民的幸福生活和民族的伟大复兴呕心沥血、砥砺奋进，树立起一座座不朽丰碑，凝聚出伟大的中国科学家精神，其中很多人逐渐成长为意志坚定、红专并进的优秀共产党人。我们以习近平新时代中国特色社会主义思想为指导，从中国科协"老科学家成长资料采集工程"的收藏当中，精选9位在经历和资料方面具有典型性和代表性的党员科学家资料，辅以其他素材，以中国共产党的坚强领导和科学家对党的衷心拥护为主线设计了此次展览，力图体现党对科技事业的坚强领导和对科技工作者的团结引领，展现我国科技工作者对党的事业的热切忠诚和对民族振兴的执着追求。

第一章

在白色恐怖中跟党走的人

作为中国工人阶级的先锋队,中国共产党在成立之初,就接过了新文化运动高举的"民主、科学"大旗,代表了中国先进生产力的发展要求,对发展科技的重要性有充分的认识和足够的重视。从领导工农群众建立革命根据地起,中国共产党就开始探索如何团结引领科技工作者为革命工作服务,另一方面也为后来发展新中国的科技事业打下了人才基础,做出了有益的探索。

本章我们选择讲述这样4位科学家的入党故事,他们中有3人在中华人民共和国成立前就加入了党组织,另一位名义上虽未加入党组织,但实际上是听从党组织的安排,同样冒着生命危险为党工作,中华人民共和国成立后他们又为社会主义建设事业立下了丰功伟绩。

第一节　谷超豪：用革命和科学报国的红色数学家

谷超豪，著名数学家，中国科学院院士，他在偏微分方程、微分几何、数学物理等研究领域取得了卓越的成就，2010年获得国家最高科学技术奖。

一、童年知国仇

1926年5月15日，谷超豪出生于浙江温州一个绅商之家。谷超豪自幼性格文静，聪慧过人，5岁进私塾开蒙，7岁入瓯江小学读书。瓯江小学的老师们不仅学识渊博，而且情操高尚，充满爱国情怀。①

温州高盈里谷宅①

---

① 张剑　段炼　周桂发：《一个共产党人的数学人生　谷超豪传》，北京：中国科学技术出版社，2014年，第10页。

20世纪30年代初,"九一八"事变爆发,日本帝国主义开始加紧侵略中国,东北抗日义勇军与日本侵略军激战在白山黑水。在此形势下,瓯江小学对学生开展了爱国救亡教育,语文课和常识课调整了授课内容,老师在课堂上满怀激情、悲愤地讲述了100年来中国被外国列强侵略凌辱的历史,鸦片战争、甲午战争、八国联军入侵北京、袁世凯卖国的"二十一条"及"九一八"事变,这些重要的历史事件谷超豪都深深铭记在心。语文课老师选用了《给年少者》文集作为教材,内容大多是进步作家呼吁团结抗日及讲述中国人民抵抗外敌入侵的英雄故事。

1938年,小学时的谷超豪

在学校的礼堂里,有许多格言,其中孙中山的一条是"青少年要立志做大事,不要立志做大官",谷超豪理解的大事就是救国和科学发明。

学校还组织学生演出爱国和学习做人的话剧,演唱爱国歌曲。《五月的鲜花》这首抗日救亡歌曲,旋律哀婉感人,内涵深刻,就是在今天也没有被人遗忘,当年在全国曾广为传唱,它深深打动了幼小谷超豪的心,歌中唱道:"五月的鲜花,开遍了原野,鲜花掩盖了志士的鲜血,为了挽救这垂危的民族,他们曾顽强地抗战不歇……"

除了对学生进行爱国主义教育,老师还用启发式教学来提高学生对科学知识的求知欲和学习兴趣。在瓯江小学谷超豪萌发了对数学的爱好。

童年本是人最无忧无虑的幸福时光,也是人生发展的关键期。特殊的年代,学校老师的爱国主义教育,让谷超豪早熟,在他幼年的心中就刻上了深深的爱国报国思想,为他不久后走上革命道路打下了坚实的基础。

二、14岁首次入党

1937年7月7日,"七七"事变爆发。1938年上半年,日寇飞机开始轰炸温州。此时谷超豪正在温州中学读书。每天敌机几次轮番轰炸,防空警报声、飞机轰鸣声、炸弹在空中呼啸和落地后的爆炸声交织在一起,到处是被炸毁的房屋和惨死同胞的尸骸。不久温州中学初中部也被敌机炸毁,谷超豪与老师、同学只好带着粮食,跋山涉水来到青田,后来听说日军要来青田,他们又连夜走了80里①山路逃到了景宁。

温州中学是一所有着悠久革命传统的学校,抗战时期的革命气氛更加浓厚。谷超豪的哥哥是温州中学高中部的学生,当时已经是地下党员,而且是温州中学党组织的创建者和负责人,他给谷超豪推荐了一些进步书籍,讲了许多革命的道理。在哥哥的影响和教导下,谷超豪和哥哥一起积极投身抗日救亡的学生运动。他参加了哥哥和几个地下党员组织成立的"九月读书会"和抗日宣传队。在读书会里,谷超豪阅读了毛泽东的《论持久战》——使他对抗战胜利和共产党产生了坚定的信心。他认识到,要抗日救国,只有依靠共产党的领导,跟着共产党走。

1940年的春天,在党员同学的介绍下,抱着救国救民的思想,正在上初中三年级、年仅14岁的谷超豪秘密加入了中国共产党,随后他担任了中共温中支部组织委员。

此时的温州正处在国民党的白色恐怖中,到处在抓共产党人。党的活动已完全转入地下。谷超豪不惧危险,他参加温中支部的秘密集会,半夜里在市区张贴宣传共产党的标语,他甚至还和其他

1940年14岁时的谷超豪

---

① 1里=500米。

地下党员冒着危险,把党中央反对投降、反对倒退、反对分裂的《抗战三周年对时局的宣言》偷偷塞进了国民党机关办公室。

1941年赴丽水演出抗日话剧的温州中学剧团合影。最后排右一为谷超豪[①]

在积极参加进步活动的同时,谷超豪没有荒废学业,他抓紧时间学习各门功课。温中的教学水平很高,谷超豪的数学导师苏步青大师等多位数学家都出自温中,老师善于启发培养学生的独立思考能力和想象力,谷超豪的数学成绩都在90分以上。

三、在学运洪流中第二次入党

1943年春节前,温州地区各级党组织都遭到严重破坏,温州中学党支部书记被捕,此后,谷超豪和党组织失去了联系。

1943年9月,谷超豪考入浙江大学龙泉分校数学系。当时有一句话叫"学数学就到浙大"。当时的浙大数学系云集了一批以陈建功、苏步青为首的国际

---

① 张剑 段炼 周桂发:《一个共产党人的数学人生 谷超豪传》,北京:中国科学技术出版社,2014年,第25页。

一流数学大师和国内一流的数学家，谷超豪师从陈、苏两位大师，成了他们门下的高才生。

1946年年初，抗战胜利的喜悦没有持续多久，国民党的腐败黑暗统治和企图发动内战的阴影又笼罩了全国。此时，虽然和党组织失去了联系，但谷超豪为革命事业而奋斗的崇高志愿让他又站了出来，他发起组织了进步学生团体"求是学社"，并担任负责人。他和学社社员组织浙大学生学习毛泽东的《论联合政府》和朱德的《论解放区战场》等进步文章，宣传共产党的思想。

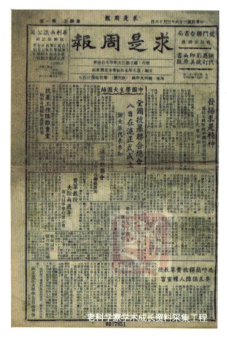

图为1947年谷超豪负责主办的《求是周报》创刊号

1946年6月，国民党向我党下达了"限期撤军"的最后通牒，谷超豪和"求是学社"的同学都非常愤怒，谷超豪联合杭州其他高校共同组织了"六一三"反内战示威大游行。游行前，谷超豪亲自到马寅初教授家，动员他参加游行。游行时，马寅初和学生们一起冒着大雨，昂首挺胸，反内战、争民主的口号响彻云霄。

谷超豪的心里充满了爱国情怀。1946年暑假，他回到了温州，和其他学校的进步同学组织了"温州大专学校学生暑期联谊会"，他任理事，准备搞一些进步活动。这时，有一艘外国货轮非法驶入瓯江，这是破坏我国主权的行为，而当地政府听之任之。谷超豪和几位"大联"负责人到国民党温州市党部递交抗议书，又向外国商船提出严正警告，外国商船迫于压力不得不退出瓯江。

1947年，浙大学生会改选，由于谷超豪在历次学生运动中做了许多工作，乐于助人而且功课又好，所以他在学生中有很高威望。竞选期间，学校的壁报上出现了一条标语:"科学+民主=谷超豪。"最终,他以最高票当选为学生会主要负责人之一。

1947年,浙江大学学生自治会理事合影。第二排右二为谷超豪①

谷超豪的表现引起了浙大党组织的重视,党组织主动联系他,给他布置了下个阶段的工作,后来他参与领导的"五二〇运动"和"于子三运动"等学生运动,都是按照党的指示进行的。在解放战争还处于敌我势均力敌激烈对峙的关键时刻,谷超豪感到应该把自己的力量全部贡献给党,他向党组织提出了入党申请。1948年3月,一直把党员视为崇高的、用钢铁材料炼成的谷超豪,怀着激动的心情再次加入了党组织。

1988年,上海市委组织部同意恢复谷超豪脱党期间的党龄,党龄从1940年3月起连续计算。

---

① 张剑 段炼 周桂发:《一个共产党人的数学人生 谷超豪传》,北京:中国科学技术出版社,2014年,第51页。

四、策反国民党雷达研究所

1948年上半年,谷超豪在浙大任助教。党交给他的任务是团结杭州的科技工作者,保护杭州各科研机构、设备的安全,以便在杭州解放时能被党顺利接管。1948年下半年,谷超豪发起组织了"求是科学社",成员有潘家铮、杨福愉、沈允纲等100多人,潘、杨、沈三人在中华人民共和国成立后都成为资深院士,都是入藏馆藏基地的科学家。

1948年冬,国民党国防部雷达研究所从南京暂时搬到了杭州,并要继续南迁至广州,雷达所进步人员张叶明把这一情报告诉了谷超豪。张叶明曾是谷超豪领导的学生会的成员,也是进步学生运动的积极分子。

1950年,谷超豪(左一)在济南和自己的革命领路人哥哥谷力虹(超英)、嫂子林悦合影①

谷超豪迅速把这一情报向地下党组织做了汇报。党组织和谷超豪都深知这一部门的重要性,党组织指示谷超豪一定要设法把雷达所完整地留在杭州。谷超豪、张叶明与在雷达所里工作的另外两个进步工作人员一起,成立了一个工作小组,谷超豪任组长。几个人抓紧做包括所长在内的研究所人员的思想工作,发动所内人员保护各种设备,并赶走了所里的反动人员,想方设法拖延,不南迁。很快,解放军就到达杭州,毫发无损地接管了雷达所,当天雷达所宣布起义,被收编进中国人民解放军。谷超豪为党立下大功,张叶明在谷超豪的

---

① 张剑 段炼 周桂发:《一个共产党人的数学人生 谷超豪传》,北京:中国科学技术出版社,2014年,第241页。

证明下光荣入党。以后我国的雷达事业在此基础上获得了不断进步和发展。

五、在科学上为党建功

从14岁起,谷超豪就紧紧跟随党,为中国人民的解放事业做出了自己的贡献,同时在科学研究上他也屡建功勋。

1956年谷超豪获得的上海团委颁发的表彰证书、全国先进生产者代表会议纪念章以及1960年获得的上海文教战线群英大会纪念章[①]

1957年赴苏联前,谷超豪(左)与苏步青(右)讨论数学问题

1957年,31岁的谷超豪作为党信任的人才被选送到莫斯科大学力学数学系进修,在不到2年的时间里,他就在无限变换拟群领域取得重要进展,直接获得物理-数学科学博士学位。苏联的博士学位很难拿,1950—1964年15年

---

① 张剑 段炼 周桂发:《一个共产党人的数学人生 谷超豪传》,北京:中国科学技术出版社,2014年,第80页。

里，我国仅有6人获得过苏联博士学位。

1957年，谷超豪（左）、陈建功（中）、夏道行（右）在苏联合影①

1958年留学苏联时的谷超豪（左一）。左二为杨芙清

1959年，谷超豪与指导教师菲尼柯夫教授（中）等合影②

1959年，谷超豪在莫斯科大学论文答辩会上作答辩③

---

① 张剑 段炼 周桂发：《一个共产党人的数学人生 谷超豪传》，北京：中国科学技术出版社，2014年，第89页。

② 张剑 段炼 周桂发：《一个共产党人的数学人生 谷超豪传》，北京：中国科学技术出版社，2014年，第95页。

③ 张剑 段炼 周桂发：《一个共产党人的数学人生 谷超豪传》，北京：中国科学技术出版社，2014年，第102页。

偏微分方程是连接数学与实践的桥梁,20世纪50年代,国内这方面的研究几乎为零,但国家开始大力发展的原子弹、导弹等高科技领域都急需这方面的理论知识。谷超豪急国家所急,他把自己的研究方向转向了偏微分方程领域,解决了机翼和导弹弹头的超声速扰流问题,以及导弹远程飞行中弹头烧蚀问题,为国家重大国防科研项目做出了重要贡献。

20世纪50年代,谷超豪在阅读

20世纪50年代,谷超豪在讲课

1987年,谷超豪在授课

回国后的50多年来,谷超豪在多元混合型和双曲型偏微分方程、规范场的数学理论、可积系统理论和无限维变换群理论等多个重要领域都取得了具有开创性的国际领先的重要成就,他先后获得国家自然科学奖二等奖和三等奖各1项，三次获得国家教委科技进步奖一等奖，其他奖多项。

1982年7月，谷超豪的"非线性双曲型方程组和多元混合型偏微分方程的研究"获自然科学奖二等奖①

2010年1月11日，谷超豪荣获国家最高科学技术奖，国家主席胡锦涛向谷超豪颁发国家最高科技奖证书

2010年1月11日，谷超豪从国家主席胡锦涛手中接过了国家最高科学技术奖证书。

2011年6月，谷超豪荣获上海市优秀共产党员光荣称号，他的夫人、数学家胡和生院士对他说："你什么荣誉都拿到了，这次就让给别人吧。"谷超豪沉思了一会儿说："我认为我有这个资格。"对这个荣誉，他看得很重。他说："革命者我要做，科学家我也想做，就要付出双倍的努力。我的研究有两个原则不变，一是围绕国家的总目标，二是围绕学科的发展。"

革命与科学，谷超豪用自己的一生，出色地完成了党交给他的这两项使命。

今天，斯人已逝，编号为171448、绕日公转周期为3.47年的"谷超豪星"，

---

① 张剑 段炼 周桂发：《一个共产党人的数学人生 谷超豪传》，北京：中国科学技术出版社，2014年，第191页。

像他的完美人生一样，正在深邃广袤的银河系里划着优美的曲线静静运行着，谷超豪的名字也将永远与日月同辉！

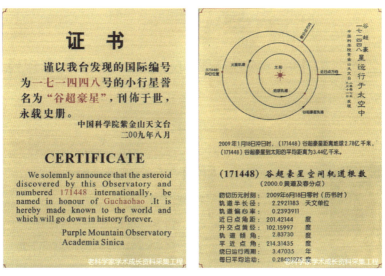

2009年8月，"谷超豪星"命名牌

2009年10月20日，谷超豪院士在"谷超豪星"命名仪式上。身后背景为轨道图

第二节　彭士禄：父辈高举农奴戟　子辈承志建殊勋

彭士禄，著名核动力专家，中国核动力事业的开拓者和奠基人，中国第一代核潜艇首任总设计师，首批中国工程院院士。

一、伟大父母　满门英烈

彭士禄的父亲彭湃是我党早期农民运动领袖和伟大的无产阶级革命家。

彭湃1896年出生于广东海丰县一个封建大地主家庭。他自幼聪慧善良，上学后渐懂事理，对佃农困苦的生活充满同情。

1921年5月，彭湃从日本留学回国，同年加入中国社会主义青年团。[2]

1922年春，彭湃主办《赤心周刊》，宣传马克思主义，不久他建立了中国第一个农会组织。他提出了"土地归农民所有"的革命主张，将自己分家所得的全部土地分

彭湃遗像[1]

---

[1]　杨新英：《彭士禄传》，北京：中国青年出版社，2016年，第3页。
[2]　杨新英：《彭士禄传》，北京：中国青年出版社，2016年，第12页。

给了耕种它的农民,这一千年罕见的行动震动天下。

1923年1月,彭湃领导成立海丰县总农会,他任总会长。同年7月,他组建广东农会,任执行委员长。

1924年,彭湃加入了中国共产党。①

1927年,在协助周恩来指挥南昌起义后,彭湃在广东领导发动了三次武装起义,创建了中国第一个苏维埃政权——海陆丰苏维埃政权,并通过武装斗争开辟了大片革命根据地。

1928年11月,彭湃赴上海协助周恩来做地下工作。1929年8月24日下午,时任中央政治局委员、中央农委书记兼江苏省军委书记的彭湃在主持召开江苏省军委会议时,被叛徒出卖被捕。在狱中他受尽酷刑,仍坚贞不屈。他给周恩来写信,表达了对共产主义的坚定信仰和视死如归的决心。为救彭湃,周恩来指示陈赓带领几十人去劫法场,但因故未能成功。生命的最后时刻,彭湃与战友高唱《国际歌》,高呼"中国苏维埃万岁""中国共产党万岁",慷慨赴死。悲愤的周恩来给陈赓下达了命令,要不惜一切代价除掉出卖彭湃等烈士的叛徒白鑫。很快,白鑫就在上海霞飞路伏法。

彭士禄的母亲蔡素屏,1926年入党,是彭湃的第一位夫人和并肩战斗的农运女战士。1928年9月19日,蔡素屏不幸被捕。狱中她备受折磨,宁死不屈。两天后,她被五花大绑,背上插着"共匪苏维埃妇女主席"的牌子,一路上高呼"农会万岁""共产党万岁",大义凛然地走向刑场。此外,彭湃的第二任夫人、二哥、三哥、七弟及一个侄子,彭家共7人为了革命壮烈牺牲。中华人民共和国成立后,民政部为彭家颁发的烈士证书就有6张之多。苍天有情亦垂泪!

2009年9月,彭湃被评为100位为中华人民共和国成立做出突出贡献的英雄模范人物之一。

---

① 杨新英:《彭士禄传》,北京:中国青年出版社,2016年,第21页。

彭湃一家6位烈士照。彭湃、蔡素屏（彭士禄母亲）、许玉庆（彭湃第二任夫人）、彭汉垣（彭湃三哥）、彭述（彭湃七弟）、彭陆（彭汉垣的儿子）。（图片来自网络）

彭湃、蔡素屏（彭湃夫人）、许玉庆（彭湃第二任夫人）、彭汉垣（彭湃三哥）、彭述（彭湃七弟）、彭陆（彭汉垣的儿子）六位烈士证书。（图片来自网络）

二、两度入狱的小政治犯

彭士禄母亲牺牲时，彭士禄只有3岁，家被烧毁了，国民党反动派叫嚣要斩草除根到处通缉他，他的乳母带着他四处逃难。得道多助，彭湃为国为民舍生取义，他的事迹感天动地，许多穷苦人甘愿冒着生命危险收留掩护他的儿子彭士禄。彭士禄的住处换了一家又一家，认了一个又一个干爹干妈姑姑婶婶，到了一个新家就姓人家的姓。那些掩护收留他的人家对他比对自己的孩子还好，过年弄到一点肉，让他吃肉，让自己的孩子啃骨头。

1933年7月的一天，由于叛徒告密，年仅8岁的彭士禄和掩护照料他的红军战士的母亲"潘姑妈"一起被捕入狱,"潘姑妈"宁愿受刑也不招供彭士禄是彭湃的儿子。国民党把彭士禄的照片登在报纸上大肆宣传。不久,彭士禄被送到广州"感化院",在那里他得了重病,一度瘫痪不能行走。从"感化院"出来,他流浪,要饭,做苦工,还常去探望狱中的"潘姑妈"。不久他再次被投入监牢。

彭士禄8岁被捕时的照片　　1991年66岁的彭士禄在8岁时坐过的牢房前留影

古代有家喻户晓的程婴拯救赵氏孤儿的故事,20世纪30年代,是党和许多善良的人一起,为了保护烈士遗孤进行了生死接力。彭湃牺牲后,先后有20多个贫苦家庭掩护收留过彭士禄。周恩来得知彭湃牺牲后,立即把彭湃的母亲秘密接到了上海,又急切地派人到处寻找彭士禄。

彭士禄再次入狱后,党组织想方设法把他营救出来。为了把彭士禄送到解放区,东江特委两位地下党负责人在护送他的路上被捕,直至牺牲两人也没有说出彭士禄的身份。

三、回到党的怀抱

周恩来和彭湃是肝胆相照、生死与共的战友,1924年,周恩来从法国留学回到广州,是彭湃到码头迎接他,让他住在自己家里。

1940年年末,周恩来派副官把彭士禄和另外几个烈士子女接到了重庆八路军办事处。

在办事处,彭士禄见到了周恩来和邓颖超,周恩来快步迎上来,弯下腰拉着他的手说:"终于找到你了,孩子,你知道吗,我和你爸爸可是好朋友哩,1924年我到广州,就是你父亲接我的。"在办事处生活的日子里,他感受到了周恩来对他父亲般的疼爱。临别时,周恩来对他说:"这一次你到了延安,可要好好学习,好好工作,听党的话,服从分配,要为你爸爸争光啊。"

牢记着周恩来的谆谆教导,彭士禄来到了他魂牵梦萦的革命圣地延安。到了延安,彭士禄才知道那两位护送他的地下党员的姓名和结局,他的内心受到极大震动,他下定决心,要用自己的全部生命报答党和人民的恩情。党安排他到延安大学中学部学习,尽管基础不好,但他把全部时间都用在刻苦钻研上,成绩优秀,成为学习模范。开荒种地,他像一头牛肯出大力,被评为劳动模范。他还是团结模范。他主动报名到中央医院当护士,给病人倒屎倒尿,什么活儿都抢着干,因为过度劳累吐了血,但仍坚持工作,被评为中央医院的模范护士。

1944年7月5日《解放日报》以"第四组"为题报道了彭士禄的事迹

1944年，党送彭士禄进入延安大学自然科学院（北京理工大学前身）化工系学习。

延安自然科学院远景图和延安自然科学院校门

四、没有预备期的党员

1945年8月1日，彭士禄在延安大学自然科学院加入了中国共产党。当时"七大"党章规定，党员要有预备期，一般要经过一年的考察才能转为正式党员。由于彭士禄各方面表现十分突出，党组织罕见破例免去了他的预备期，他直接成为正式党员。

五、敢拍板的第一代核潜艇总设计师

1951年，彭士禄被党选送到苏联留学，学的是化工机械。1954年，美国第一艘核潜艇下水。

1956年5月的一天，即将毕业的彭士禄被召到中国驻苏大使馆，时任国防部副部长的陈赓大将接见了这个当年老战友的孩子，他慈爱地看着彭士禄，向他传达了总理的指示，让他和一些同学转学核动力专业，问他是否愿意转行，他当场回答："当然愿意，只要祖国需要！"此后彭士禄转学核动力专业，除了吃饭睡觉，其他时间他都用来发奋读书，成绩优秀。

1958年，彭士禄回国后开始核屏蔽堆研究。同年，我国核潜艇研制工程正式启动。

铁马冰河初心在　尽付祖国无限爱
——北京理工大学图书馆宣传科学家精神集锦（第一辑）

彭士禄在莫斯科留学时留影

1961年，彭士禄开始主持潜艇核动力装置的论证和主要设备的前期研发，但此时，我国完全没有一点核潜艇的研制经验，能借鉴的仅仅是彭士禄在苏联参观时看到的两张照片和一个从国外带回的潜艇模型，两张照片中，一张是苏联"列宁"号核动力破冰船上反应堆核燃料元件的照片，另一张是核动力装置用的全密封循环水泵的照片，他当时默默记住了这些关键设备的外形。

一切从零基础开始。彭士禄给反应堆研究室的同事讲授反应堆原理、反应堆控制、核动力装置等课程，带领大家逐渐进入核动力科学的殿堂。

1965年，核潜艇工程再次上马。核动力装置是核潜艇的心脏，是核潜艇能否研制成功的关键，为了保证万无一失，彭士禄力主先建一个1∶1比例的陆上模式堆。在得到中央批准后，彭士禄亲自带着雨衣干粮，用自行车驮着测试仪器，把一年四季四川峨眉山区的各项气象条件数据收集完整上报中央后，中央正式决定在该地区建造陆上核反应堆。

1967年，彭士禄被任命为核潜艇陆上模式堆基地总工程师，他告别妻儿带着一队人马来到四川西南大山深处代号"909"的基地，开始主持第一代核潜艇陆上模式堆建设工作。基地夏季蛇鼠蚊虫猖獗，冬季阴冷潮湿，没有电，没有路。住的是土坯房，睡的是大通铺，喝的是附近的河水，吃的是窝头，有时连窝头都吃不上，就挖野菜和白菜根吃，生活条件非常艰苦。

第三部分　党的事业就是我的奋斗方向
——科学家入党故事选粹

第一座核潜艇陆上模式堆厂址（图片来自网络，由中核集团提供）

陆上模式堆早期实验室（图片来自网络，由中核集团提供）

彭士禄有个绰号叫"彭拍板"，遇到问题他敢于拍板做决定。在选定反应堆主参数时，他经过反复计算，发现前设计者将参数定高了，用这个参数是要出大事故的，别人告诉他参数是苏联专家给出的，他斩钉截铁地说："我不能把核反应堆当儿戏，轻易相信人家的参数，我认为这参数不能用！"他拍板采用了经过自己反复计算的数值。

彭士禄工作现场照（图片来自网络）

1969年10月，陆上堆进入最紧张的设备安装调试阶段。有人为了安全在反应堆上加装了一个"安全阀"，但"安全阀"的漏气问题怎么都解决不了，彭士禄经过计算认为没有必要装它，就果断将它去除了。在提升功率试验时，有几个自动停堆信号装置经常发出误报引起停堆，彭士禄果断拍板去掉了几个信号装置。

1970年7月,核潜艇陆上模式堆提升功率试验开始,彭士禄把被子搬进厂房,24小时连轴转,以便随时发现、分析试验中出现的各种情况,当场解决问题。

反应堆开始缓缓提升功率,随之而来的险情和问题不断增加,这时反对继续提升功率的呼声越来越高。彭士禄一边解决问题,一边不为所动,继续提升功率。8月30日下午,彭士禄决定实现主机满功率运行,此时,现场围满了人,许多人还不知道彭士禄的计划。彭士禄静静坐在主控室后面的椅子上,盯着仪表下达了满功率运行的指令。仪表指示针缓缓转动,直到18时30分,人们才发现,反应堆已达到满功率!现场人群开始欢呼,所有人都无比激动!彭士禄马上起身在第一时间拨通了中南海总理办公室的专线电话,向总理报告了这一喜讯。基地山谷里,几千人在欢呼鼓掌雀跃,许多人流下了热泪。为了这一刻,彭士禄已经五天五夜没有休息了,这五天五夜可谓惊心动魄!

为什么敢拍板,他说:"其实有个秘诀,一定要用数据说话。"他有勇有谋,胆大心细,因为每一项重要数据他都要一丝不苟亲自进行计算审核,有了科学数据做支撑,他才敢果断拍板,他自己总是随身带着计算尺。他还常对大家说:"干对了是你们的,干错了我负责,但你们要拿数据说话。"现场有他在,大家心里就踏实,陆上模式堆工程和第一代核潜艇研制中遇到的重大技术难题,都是在彭士禄的带领下解决的。

我国第一艘核潜艇——舷号401(图片来自网络)

1970年,陆上反应堆实验圆满成功,第一艘核潜艇外部设备也胜利建造完工,工程进入到把核反应堆直接安装在核潜艇内部的阶段。

1970年12月26日,我国第一艘核潜艇下水。

1970年12月26日,我国第一艘核潜艇下水仪式现场(图片来自网络)

核潜艇上有各种设备、仪表、器件4.6万余件,电缆总长90多公里,管道总长30多公里,把这些复杂部件安装运转好,难度和工作量可以想象出来。彭士禄工作起来没日没夜,吃饭、睡觉、指挥全在现场,哪里有问题,他就出现在哪里,而且总能提出解决问题的可行方案。长期紧张工作,他的身体出了问题。

1974年的一天,核潜艇进入最后的调试安装阶段,已经连续奋战多日没有休息的彭士禄胃突然剧烈疼痛起来,疼得汗水湿透了衣裳,医生诊断为急性胃穿孔,病情危急。海军首长得知情况后立即派专机,把海军总院的专家直接接到工地医务室为他做手术。切开胃的一刻,专家震惊地发现,他胃上有一个洞已经穿孔,同时发现还有一个曾经穿孔后自愈的疤痕,第一次穿孔他是自己硬忍过去的!而胃穿孔的痛苦是常人难以忍受的。彭士禄一直有胃病,胃疼了20多年,但他从不去好好看看,时间都用在工作上了。为了核潜艇,他豁出了性命!在工作上,他拍板解决了许多难题,这一次是医生拍板——他的胃被切除了四分之三。后来,有人提到这件往事问他是否值得,他毅然说道:"值得，就是死了也是值得的！"

1974年8月1日，我国第一艘核潜艇"长征一号"正式列入海军战斗序列。

1978年，彭士禄被国防科委任命为我国第一任核潜艇总设计师。

完成核潜艇设计工作后，彭士禄又转战大亚湾核电站和秦山核电站，为我国核电站事业的发展做出了巨大贡献。

1988年，彭士禄在"406"艇前留影

1979年彭士禄在家里工作的情景

六、永远的激励

1958年，毛主席发出了"核潜艇，一万年也要搞出来"的豪迈誓言，彭士禄那代核潜艇人以毛主席的"一万年太久，只争朝夕"的教导来鞭策自己，以"为有牺牲多壮志，敢教日月换新天"的大无畏英雄气概，完成了领袖的重托,为党和国家建立了不朽功勋。

父母的伟大精神和自己的坎坷经历深深影响了彭士禄的性格和人生观,他最重要的品格是正直坦荡、无私无畏、勇于担当!在他身上,最生动地诠释了何谓继承先烈的遗志,做革命事业的接班人。

每每提起党和"潘姑妈"等许多人拯救他的往事,他都禁不住流下激动和感激的泪水,他说:"那时候年纪太小,有的住的时间很短,但到哪一家都是老百姓,起码叫我吃饱饭,能够保护我,都编各种口供来掩护我,这点对我的影响一辈子都忘不了。所以我就感觉到,这么穷苦的老百姓在那么困难的情况下,还那么爱护保护我这个遗孤,的确是我心中受到的最大的教育,好像工作一辈子、几辈子都还不完这个恩情。"他说:"我的生命是革命同志和老百姓用鲜血和生命换来的啊!"

中华人民共和国成立后,彭士禄心里时刻都牵挂着"潘姑妈",一有机会就去探望她,还曾把她接到身边,照料她的生活。"潘姑妈"返回故乡后,彭士禄每年都给她寄钱。

大约20世纪60年代初,彭士禄夫妇与潘姑妈合影

在彭士禄的心中,党就是他的父母,他的一切都是党给的,为党的事业去拼命天经地义,也是他最大的快乐。他发自内心热爱党和人民,他是用自己的整个生命来报答党和人民的恩情。

他也牢记着周总理拍着他的肩膀大声对他的叮嘱:"彭士禄,你无论什么时候,无论走到哪里,你都要记住你是海丰人,你是彭湃的儿子,永远不要改名换姓,记住了吗?"

他不认同别人称自己是中国的核潜艇之父,他多次说:"说我是中国的核潜艇之父,对此绝不敢当,对我来说这是贪天之功,我不接受!"他认为核潜艇之父是周总理,是聂荣臻元帅,是他的那些同事战友。

彭士禄的父母是伟大的英烈,在中国共产党的历史上享有崇高的地位,但他从没有躺在父母的功劳簿上追求生活享受。他没有多少钱。无论当了总师还是部长,他还是住在旧单元房里,把有七个房间的大房子让给了别人——他喜欢简单的生活。他有很多顾问的头衔,但他从不拿钱。因为为研制我国第一代核潜艇做出了重大贡献,国家授予他科技进步奖特等奖,他知道后竟然说:"我也可以得奖?"他谦虚得让人吃惊和感动。

2017年,彭士禄获得何梁何利基金科学与技术成就奖,奖金100万港币,他对女儿说,这钱不是他的,他让女儿把钱交给了国家。

2021年3月22日,这个为国拼搏了一生、总爱抱着维尼小熊、纯真得像个孩子的可爱可敬的老人,永远离开了我们,他把自己的生命归还给了党和人民,完成了自己的心愿。

核动力专家、中国工程院院士于俊崇评价彭士禄曰:"生得伟大,长得艰辛,勤奋终身!"

彭士禄在医院住院期间留影(图片来自网络)

第三部分　党的事业就是我的奋斗方向
——科学家入党故事选粹

1958年彭士禄和马淑英的结婚照

2008年彭士禄和夫人
马淑英金婚纪念照

2021年3月30日，彭士禄夫妇的骨灰一同撒向大海，他们在莫斯科一见钟情，相爱陪伴了一生。他们的忠骨和忠魂永远和他们的核潜艇一起，在大海深处护卫着祖国的万里海疆和神圣国土。

让我们永远记住彭士禄的这句话："活着能热爱祖国，忠于祖国，为祖国的富强而献身，足矣。"

第三节　黄旭华：别梦依稀三十载　难言情愫对党说

（图片来自网络）

黄旭华，我国著名船舶专家、核潜艇研究设计专家、中国第一代核动力潜艇研制创始人之一，中国工程院首批院士。

一、忠勇仁义的父母

1924年2月24日，黄旭华出生于广东海丰县田墘镇一个医药之家，父母在当地开办诊所和药房，悬壶济世。父亲黄树毂有朴实的爱国情感和刚毅勇敢的性格，日寇入侵海丰田墘后，基于他在当地的声望和影响，日本人登门劝说他出来帮日本人做事，黄树毂当场断然拒绝，日本军官恼羞成怒，一脚将他踢倒在地，抽出战刀架在他的脖子上，他宁死不从。母亲见状急忙拿钱塞给同来的汉奸，汉奸拿钱后才劝走了日本军官。

1941年9月21日凌晨，驻扎在海丰"红楼"的抗日官兵突遭日军包围袭击，伤亡惨重，黄树毂不顾生命危险，秘密参与救治转移伤员，掩埋烈士遗体。对黄树毂的这段事迹，史料和回忆文章都有记载。

母亲曾慎其是一名助产士，她医德高尚，心地善良，从不计较接生费，给多少拿多少，对拿不出钱的穷苦人家，她就免费接生，只要求孩子长大了叫她一声干娘。以后很多孩子叫她干娘。

抗战胜利后,夫妇两人出资办学,惠及乡里。

父母的言行对黄旭华的性格和一生产生了深远的影响。

1948年黄旭华父母合影①

二、不平坦的少年求学之路

黄旭华从小就展现出了爱读书、渴求知识的潜能,4岁就跟着二哥到当地小学旁听课程,没有人管他,他却学会了二哥的绝大部分课程。

1937年,黄旭华小学刚毕业,日寇开始大举入侵中国,黄旭华喜欢的聿怀中学被迫迁往内地山区,他在山路上徒步走了四天,才走进聿怀校门。教室是临时搭的棚子,日寇的飞机仍然时常在空中盘旋,师生们还是得到处躲藏。学校里抗日爱国思想非常活跃,学生们成立了"狂

1934年着田墘镇小学校服留影②

---

① 王艳明:《誓言无声铸重器 黄旭华传》,北京:中国科学技术出版社,2017年,第10页。
② 王艳明:《誓言无声铸重器 黄旭华传》,北京:中国科学技术出版社,2017年,第27页。

呼社""叱咤社",名字里充满了对日寇仇恨的火药味。在抗日话剧《放下你的鞭子》里,黄旭华扮演了小姑娘,演出时,台上台下一起高呼口号,怒斥汉奸。在这热血沸腾的气氛中,黄旭华脑子里在翻腾:将来长大成人,该为祖国做点什么?

1941年,黄旭华初中毕业后,进入桂林中学读高中。桂林虽然地处西南大后方,但仍然不平静。可恶的日寇飞机又飞到这里投弹轰炸,在刺耳的警报声中,他被人潮裹挟着往城外奔跑。愤怒和屈辱时常堵在心头,他问自己:"为什么日本人想轰炸哪就轰炸哪,想占领哪就占领哪,而我们中国人在自己的土地上只能到处奔逃,连一个安静读书的地方都找不到?"他明白,国家不富强、国防不牢固,中国人将无安宁之日,将永远被欺负、被侵略,本来从小就想按照父母的期望去学医治病救人的黄旭华改变了想法,他立志学航空或者造船来强国,他把自己的原名"绍强"改为"旭华",盼望中华民族如旭日东升一样崛起强大。

1944年在桂林中学读书时留影[①]

三、在大学加入地下党

从小学到中学,黄旭华就跟着大哥参加过一些抗日救亡活动,搞过义演和募捐。辗转求学,他亲身感受到日寇给中国人民带来的深重痛苦,也目睹了国民党政府的腐败,那时他就开始思考国家的出路。大哥和学校里开明教师的进步言行,让他隐约感觉到,有一股新的思想和力量在谋求国家的富强和独立。他一直在寻找这种力量。

---

① 王艳明:《誓言无声铸重器 黄旭华传》,北京:中国科学技术出版社,2017年,第37页。

怀着科学救国的理想,黄旭华考入了上海交通大学造船系。在后来的地下党员于锡堃进步思想的引导教育下,他加入了党领导的外围社团"山茶社",他和社团成员一起演出进步剧目,讽刺国民党蒋介石的黑暗统治,同时参加了反对国民党当局的护校运动和纪念五四运动的营火晚会。他把解放区的歌曲《山那边》教给大家唱,让大家知道有一个令人期待的"山那边"。他在于锡堃家里看到了毛主席的著作及其画像,他意识到在他的身边就有"山那边"的人,他急切地想加入,而党组织也一直在关注考察着他。

1947年在上海交大就读之余练习小提琴[1]

黄旭华在上海交大时,参加纪念五四运动晚会,会场上搭建的"民主堡垒",象征着上海青年坚决争取民主的决心[2]

1948年冬天,黄旭华向党组织递交了入党申请书。

1949年春天,党组织批准他正式成为中国共产党预备党员。

刚刚入党,黄旭华就上了国民党特务的搜捕名单,特务闯进学校宿舍搜捕他和其他进步同学,他躲在洗手间的水槽底下,逃过一劫。住他隔壁的一位

---

[1] 王艳明:《誓言无声铸重器 黄旭华传》,北京:中国科学技术出版社,2017年,第58页。

[2] 王艳明:《誓言无声铸重器 黄旭华传》,北京:中国科学技术出版社,2017年,第63页。

地下党员同学和一位进步同学却被捕了,不久在上海闸北公园两人被杀害。

1949年6月上海解放时山茶社同学在上海交大合影。第一排左五为黄旭华①

1949年7月,黄旭华从上海交通大学毕业。在学业上,他得到了杨槱等大师的悉心教诲——夯实了他的专业基础,参加学生运动和对敌斗争——完成了其革命思想的启蒙,磨砺了他的坚强意志,也锻炼了他的组织领导能力,为他日后带领技术团队攻克核潜艇研制无数难题提供了有力保障。

1949年夏黄旭华的上海交通大学毕业照和毕业证书

---

① 王艳明:《誓言无声铸重器 黄旭华传》,北京:中国科学技术出版社,2017年,第63页。

四、党员转正时的铿锵誓言

1950年,在入党转正向组织汇报思想时,黄旭华对党支部书记说道:"列宁曾经说过,如果党需要他一次把血流干,那他就毫无遗留;如果需要他一滴一滴地流,他也会做到。我要以列宁这番话要求自己,无论需要我怎样流,我都会直到把血流光为止。"

以后他用行动兑现了自己的誓言!

五、用生命和热血谱写《〇九战歌》

1949—1958年这10年,黄旭华主要从事苏联潜艇的仿制工作,在这个过程中,他积累了潜艇设计与制造的知识和经验。

1954年,美国核潜艇下水,1957年,苏联核潜艇下水,我国面临的国际形势严峻。1958年,党中央审时度势决定启动我国核潜艇研制工程,工程代号"09"。开始我国向苏联求助,希望得到苏联的帮助和支持,但被拒绝,随后毛主席向全国发出了气吞山河的号令:"核潜艇,一万年也要搞出来!"很快,一场声势浩大、惊心动魄的铸造国之重器大会战在祖国各地秘密地拉开大幕。

天降大任!1958年8月初的一天,黄旭华突然接到通知要他到北京出差。到了北京,黄旭华被告知已经抽调他参加核潜艇研制工作,让他直接到海军大院报到。

黄旭华被分配到了船体组。刚到工作地点,领导就向黄旭华宣布了严格的保密纪律:不能对任何人包括家人透露有关工作单位、工作内容的任何信息。对外联系只有一个邮箱代号。

船体组里只有少数几个人做过常规潜艇的仿制工作,大部分成员是毕业不久的大学生,核潜艇别说设计,连见都没人见过,但大家都有一股勇攀科学高峰、为祖国的国防事业建功立业的激情和勇气。黄旭华和同事首先从学习消化苏联的常规潜艇技术做起，他们夜以继日地工作，仅用了三个月的时间就提出了五个总体设计方案，方案虽然不够系统完善，但价值很大，包含了很多创新思维。

核潜艇是个巨大的系统工程，其技术的复杂性和制造难度甚至比"两弹一星"还要大。20世纪50年代末、60年代初研制工作空前困难，大家都吃不饱饭，许多人因为营养不良得了浮肿病，资料极度缺乏，缺少实验和试验条件，各种配套设备和材料的研制也跟不上。黄旭华和同事怀着强烈的使命感和责任感艰难开启了我国核潜艇的破冰之旅。由于出色的工作能力，1964年，黄旭华被任命为国防部第七研究院第十五研究所副总工程师。到了1965年年底，黄旭华就带领同事完成了核潜艇的初步设计方案。

黄旭华的第一个贡献，就是确定了我国核潜艇的外形直接采用水滴外形设计。水滴外形潜艇的每一个横截面都是圆形，它的优势是在水下机动性和稳定性好，但在水面的操纵上却有需要解决的问题，因此这种外形美苏都是用几年时间通过多步走才敢采用。为了稳妥起见，我国一些专家也主张我国第一艘核潜艇采用常规线形。早在1959年，黄旭华就开始对水滴外形进行试验研究，定性地证明了水滴外形的优势，因此黄旭华力主我国第一艘核潜艇采用水滴外形。

1966年，他带领设计人员用25米长的水滴模型艇在风洞和水池实验室做实验，经过几个月日夜奋战，他们硬是用算盘和计算尺攻下了上万个数据，定量证明了水滴外形的优越性。在聂荣臻元帅的支持下，我国第一艘攻击核潜艇确定采用水滴外形，黄旭华带领同事迅速完成了设计方案，并解决了水面操纵的问题。

1966年年底，首艘核潜艇建造即将开工，虽然在设计时已经做了反复审核计算，但面对如此大的艇身及5万多个设备、仪表、元件，真正施工安装起来谁也不能保证不出问题。黄旭华等人提议，先用木材建造一个与核潜艇实际大小一样的实体模型，艇内所有设备仪器均按1∶1比例用模型替代。在模拟安装中,黄旭华等人发现解决了许多在初始设计中没有发现的问题。为了加快工程进度,黄旭华组织719所全体技术人员开展施工图纸大会战,完成施工图纸和技术文件近万份。这个1∶1比例的模型对潜艇的顺利建造起了非常大的作用。

1968年10月,首艘"091"型核潜艇在辽宁葫芦岛造船厂开工建造。

1970年12月26日,在毛主席77岁生日这一天,我国第一艘鱼雷攻击核潜艇顺利下水。经过不断试验改进,在1974年"八一"建军节这天,首艘"091"型"401"号核潜艇正式交付海军。

1985年,第一代核潜艇工程四位总师在小平岛码头合影。左起:赵仁恺、彭士禄、黄纬禄、黄旭华[①]

首艇虽然已入列海军,但各种试验仍在继续进行,其中最重要也是最危险的试验就是深潜极限试验。1963年,美国的"长尾鲨"号核潜艇在进行深潜试验时,在未到达极限深度时就艇毁人亡,艇内160人全部殉职。

参加试验的是"091"系列的"404"号艇,试验地点选在南海300多米深

---

① 王艳明:《誓言无声铸重器 黄旭华传》,北京:中国科学技术出版社,2017年,第196页。

的一片海域，艇上准备了一切应急措施，打捞救援设备也全都到位。试验前，各级领导为参试人员做了充分的思想动员工作，但工作做得越细，参试人员的心理压力就越大，大家都做好了牺牲的心理准备，有的人还写了遗书，交代了后事。黄旭华感觉到了这种紧张气氛，64岁的他毅然做出了一个惊人的决定：他要亲自参加下潜试验。没有任何人要求他这样做，当时世界上也没有总设计师这样做的先例。

他这样做一方面是为参试人员减压，另一方面也是万一试验遇到问题，他可以在第一时间进行处理。尽管他对自己亲自设计的作品有充分的自信，但担心也是有的，他担心万一有超出自己知识范围的问题出现。当年的入党誓言，从来不需要想起，因为永远也不会忘记，从1958年开始到1988年整整30年，他把一腔热血全部投入到了核潜艇研制工作中，现在面临生死考验，他做这样的选择是非常自然的。尽管大家竭力劝阻他，但他决心已下！总师亲自参加下潜，让所有人的心理负担顿时减轻了许多。

1988年3月4日在葫芦岛为404艇深潜试验前做技术复查时留影

1988年4月29日上午9时，深潜试验正式开始。下潜不久，就出现了通信不畅的问题，艇内气氛顿时紧张起来。为了缓解大家的紧张情绪，黄旭华提议大家唱《志愿军战歌》，"雄赳赳，气昂昂，跨过鸭绿江……"歌声让大家的情绪渐渐放松下来，解决问题后继续下潜。当下到280米深时，海水巨大的压力让部分舱门变形，艇内陆续出现了"咔嗒咔嗒"吓人的声响，每个人的心跳都在加快，黄旭华看到一根支撑深度计的角钢在逐渐变形，艇内有19处开始漏水，经抢修后恢复正常。黄旭华在艇内指挥若定，一道道指令从容发出。当深度计指针指向略超300米时，一声"停"的指令下达后，紧张寂静的舱内猛然爆发出了欢呼声，深潜试验成功了。当潜艇上浮至100米时，黄旭华兴奋地与其他三位负责同志合了影，有人提议让总师题字，黄旭华稍加思索，随即挥笔写下：花甲痴翁，志探龙宫；惊涛骇浪，乐在其中。黄旭华大无畏的英雄气概和这在海洋深处书写的豪情壮语，必将在我国核潜艇发展史册上永存。

潜艇凯旋时，码头上鞭炮锣鼓喧天，平时码头是不许放鞭炮的，此时人们太激动、太高兴了。黄旭华高兴得像个孩子，他是跳着跑着上岸的。

1988年4月30日，亲自参加404艇深潜试验胜利归来[①]

当远在武汉的黄旭华夫人听到深潜试验成功的消息后，她激动得放声大哭！从知道黄旭华要参加深潜试验后，几个月来她没有睡过一个安稳觉。

早在1967年9月，在091艇还在设计阶段时，092弹道导弹核潜艇的设计就

---

① 王艳明：《誓言无声铸重器 黄旭华传》，北京：中国科学技术出版社，2017年，第180–181页。

开启了。由于导弹舱体积巨大,舰体积和排水量远超091型,设计具有很高的难度和挑战性。黄旭华带领技术团队顺利完成了总体方案的设计和论证,他在弹舱结构、操纵性、导弹发射姿态控制等重大技术问题上做出了重要贡献。

黄旭华作为总设计师最大的贡献是对核潜艇总体的把控设计,他把核潜艇的各个结构和专业有机融为一体,他的这种能力当时无人能够替代。

他很像是一支大型交响乐队的指挥,带领乐队在音乐中以顽强不屈的精神和力量与命运勇敢抗争,在战胜了无数艰难险阻后,紧紧扼住了命运的咽喉,奏响了史诗般恢宏的英雄乐章,在音乐胜利的顶峰上唱起了欢乐的颂歌。他有一套贝多芬交响乐全集,那是夫人买来作为生日礼物送给他的。

我国核潜艇从1958年开始探索,1965年正式启动,1968年开始建造,1970年下水,1971年开始试航,研制工期之短,建造速度之快,在世界核潜艇发展史上是罕见的。我国第一代核潜艇与美国第一代核潜艇相比,在艇的外形、航速、下潜深度和最长支持力四个方面具有领先优势。

1991年,我国第一代核潜艇研制大幕慢慢落下,黄旭华自此逐渐退出一线。30多年的紧张工作,他如履薄冰、殚精竭虑,时时悬着的一颗心,终于可以放下了。

回想当年攻克核潜艇的艰苦岁月和沸腾生活,黄旭华感慨万千,一幅幅画面在他的脑海里闪现。他长年面对着海量的工作,无数次的会议、无数次的出差……他奔走在祖国的千里国土、穿越过祖国的万里海疆,他有画不完的图纸、做不完的试验,大部分时间他都住在单位,多少次刚回家不久,又被单位电话叫了回去,回家成了做客。有一次他刚回家,三女儿见到他对他说:"爸爸,你到家里出差来啦?什么时候走?能同我们一起过个星期天吗?能陪我们一起去玩一次吗?"

1968年,首艘091型核潜艇在辽宁葫芦岛造船厂开工建造,当年岛上各种条件都很差,整年大风不断,主要的食物是高粱、玉米、土豆、白菜,家里的一切他都没时间管。一个冬天的下午,大雪下了有2尺深,大女儿燕妮放学回家,为了节省时间,她走了平时不常走的一条小路,大雪覆盖了一切,加上天黑,她迷路了,被困在雪野里。大人找到她时,她已经被冻得脸色发黑,说不出话了。她得了重度肺炎,心脏也出了问题,后来又得了严重的哮喘病,直到离开葫芦岛,哮喘病才好。

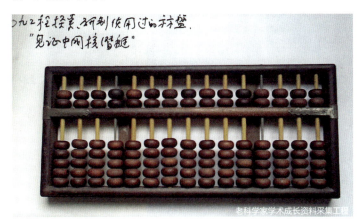

"〇九"工程中黄旭华使用过的算盘,它见证了中国核潜艇艰辛的发展历程

黄旭华使用过的瑞士产ASMLER面积仪和K&E牌计算尺　　黄旭华使用过的三棱柱形计算尺。一端有黄旭华的签名

2007年，黄旭华在719所激情满怀指挥千人高歌《歌唱祖国》

2012年，喜爱音乐、具有音乐才华的黄旭华自己作词作曲，写下《〇九战歌》，歌中唱道："〇九健儿志气高，过关斩将逞英豪，哪怕狂风激恶浪，定叫惊雷震海天……"

2012年黄旭华作词作曲的《〇九战歌》手稿[①]

六、"三哥的事，大家要理解"

1957年元旦，黄旭华出差时回过一次老家，母亲希望他常回来看看她，他满口答应了。令他没想到的是，直到1986年11月，他才又利用试验核潜艇的机

---

① 王艳明：《誓言无声铸重器 黄旭华传》，北京：中国科学技术出版社，2017年，第226页。

会回了老家。期间30年,他和父母的联系基本中断了,家里人都不知道他做什么工作。父亲和最亲的二哥去世时,都是他正进行核潜艇技术攻关的关键时刻,他没有回家,也没有告诉组织,他怕组织为难。他只能把最深的痛苦和愧疚永远藏在心底。

"文革"中,黄旭华被打成特务去喂猪,几乎就在同时,他的母亲也受到运动冲击,也被强迫去喂猪,他无法去解救。

悠悠岁月30载,1986年11月,当已经93岁白发苍苍的老母亲见到62岁的黄旭华时,她目不转睛凝望着儿子,她没有问他的工作,她深知这一点,只是说出了儿子的年龄,说儿子的头发也白了,然后谈了些家常。此时母亲仍然不知道他一直在做什么工作,误会也没有消除。他在家里只待了三天。

1986年11月,时隔30年后黄旭华回家看望母亲,与母亲合影

1987年,上海的《文汇月刊》杂志刊登了一篇报道,题为《赫赫而无名的人生》,报道中没有提及黄旭华的名字,全篇用"他"代替名字,但文中提到了黄旭华妻子的名字,黄旭华把这期杂志寄给了母亲。母亲流着眼泪把文章看了一遍又一遍,她终于明白,文中的"他"就是她的三儿子,原来这个"不

孝"的儿子这些年一直在为国家做惊天的大事。深明大义的母亲急忙把子孙召集到一起，对大家说："三哥的事，大家要理解，要谅解。"黄旭华得知此事，激动得泪流满面，母亲和家人终于理解他了。

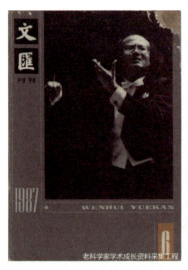

1987年，上海的《文汇月刊》杂志第6期在第一篇的位置刊登了长篇报道《赫赫而无名的人生》，引起读者的强烈反响[①]

熟悉黄旭华的人提起他，先说的不是他的贡献和技术能力，而是他对人的真情。单位里不管是谁去世，不论职务高低，他必定去吊唁；对误会过他的人，甚至批斗过他的人，他都理解宽容。每每提起对父母亲人的愧疚之情，他都会泪洒衣襟。许多年来，每次出差或旅行，他必定要系上或带上母亲留给他的围巾，这样让他感觉好像母亲还在自己的身旁没有离开。

1985年，因在攻击型核潜艇研究设计中做出重大贡献，黄旭华获得国家科学技术进步奖特等奖。

1996年，因在弹道导弹核潜艇研制过程中做出重大贡献，黄旭华再获国家科技进步奖特等奖。

---

① 王艳明：《誓言无声铸重器 黄旭华传》，北京：中国科学技术出版社，2017年，第208页。

第三部分　党的事业就是我的奋斗方向 193
——科学家入党故事选粹

1996年在国家科学技术进步奖特等奖颁奖仪式上合影。右三为黄旭华

2014年2月10日晚,黄旭华高举起中央电视台"感动中国2013年度人物"奖杯。"感动中国"推选委员、著名作词家阎肃这样评价黄旭华:"试问大海碧波,何谓以身许国?青丝化作白发,依旧铁马冰河。磊落平生无限爱,尽付无言高歌。"

高举"感动中国2013年度人物"奖杯①

① 王艳明:《誓言无声铸重器 黄旭华传》,北京:中国科学技术出版社,2017年,第231页。

2017年11月17日,在全国精神文明表彰大会先进人物合影现场,习近平总书记看到站在第二排、白发苍苍的黄旭华后,立即亲自搬开前排的椅子,执意把黄旭华搀扶到前排,让他坐在自己的身旁,习近平的手紧紧握着黄旭华的手……

2019年11月29日上午,中华人民共和国国家勋章和国家荣誉称号颁授仪式在人民大会堂隆重举行,中共中央总书记、国家主席、中央军委主席习近平亲自把沉甸甸的"共和国勋章"颁授给黄旭华。

都说自古忠孝不能两全。黄旭华为了党和国家的事业,毅然牺牲了亲情,他说:"所有的名利我都可以不要,家里的问题(指30年不回家看望父母)我也忍受下了,为的是毛主席那句'核潜艇,一万年也要搞出来',那是天大的事情,其他事情都可以忍受,都可以放弃,我是这样的思想。"

黄旭华,他对党的真情有多重,他对祖国和母亲的爱有多深,大洋深处无声潜行的护国利剑,就是他最深情的诉说……

航行中的我国核潜艇(图片来自网络)

第四节　罗沛霖：党指引我努力奋斗

罗沛霖，电子学与信息学专家，我国电子工业的奠基人之一，中国电子科技的重要开拓者，中国科学院和中国工程院院士。

一、与无线电结缘的少年

1913年12月30日，罗沛霖出生于天津一个富裕家庭。父亲罗朝汉自幼受到良好教育，后自学成才。1881年，李鸿章在天津设立电报总局，罗朝汉考入总局成为最早的电报生之一。不久罗朝汉在天津创办了天津电报学堂。母亲是一位画家，同时擅长诗词歌赋。

1914年，罗朝汉升任北京电话局局长，全家搬到北京定居。1919年，6岁的罗沛霖进入北师大附小上学，在这里他遇上了一位对他一生有重要影响的老师于士俭先生，于先生也是钱学森的启蒙老师。于先生"追求知识，追求真知，追求真理"的教诲让罗沛霖永远铭记、受益终身。

1924年，冯玉祥进京推翻曹锟政府，罗朝汉被迫离职，不久全家搬回天津。罗沛霖考入天津最好的中学南开中学。由于父亲曾是电话局局长，罗沛霖从小就喜欢摆弄一些通信电器设备。不久，学校成立了一个南开无线电社，罗沛霖加入该社。在社里，他干得如鱼得水，成了一个无线电迷。初三时，在学习动手制作无线电器件的同时，他还如饥似渴地阅读美国《无线电新闻》

杂志（Radio News）及《少年百科全书》等一些国内外书刊，大大拓展了他的知识面。因为热爱无线电，罗沛霖高中自然选择了理科，他的学习成绩可以直接进入南开大学，但因为更喜欢上海交大和清华大学，遂参加了这两个学校的考试，结果同时被两校录取，且成绩均排在前几名，他最终选择了上海交大。

高中时期的罗沛霖　　美国《无线电新闻》杂志（Radio News）（图片来自网络）

二、好友钱学森的心底话

1931年，罗沛霖刚上大一，"九一八"事变爆发了。上海交大学生全体罢课，声讨日寇侵略东北。罗沛霖也走上街头参加宣传募捐活动。

罗沛霖是个爱好广泛、生性随意的人，各种体育活动他都很在行，几种乐器也玩得不亦乐乎。1933年，通过一个好友，在交大校园里，罗沛霖结识了钱学森。钱罗两人当时在交大都挺出名的，此前虽不相识，但彼此都知道对方。

钱学森长罗沛霖两岁，深入交流后才知道，两人都曾在北师大附小读书，且都是于士俭老师的学生，彼此的感情一下就拉近了。

当时钱学森的知识面已经不局限于课堂内了，他把图书馆里有关航空工程的书刊都读遍了，还自学了更高深的数学知识。在钱学森的影响下，罗沛霖也不贪玩儿了，他开始明白，人应该为自己的学业而努力，他也把图书馆里所有电信方面的书刊读遍了。

此时中华民族正处在危难之中,蒋介石的白色恐怖在全国阴云密布,到处都有进步同学受迫害,两人都不满国民党的黑暗统治。此前,钱学森曾因病在北平休学一年,期间他阅读了一些进步书籍,对中国的问题有了比较清醒的认识。有一天,他对好友罗沛霖说:"这个政治问题,不经过革命是不能解决的,我们虽然读书,但光靠读书救不了国。"钱学森的话声音平和,但在罗沛霖的心里却掀起了狂澜,并深刻影响了此后罗沛霖的人生之路。

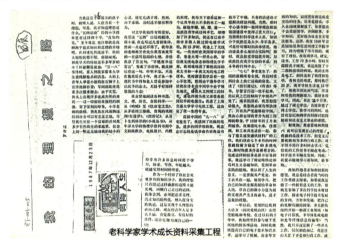

1987年12月25日《科技日报》发表了罗沛霖的署名文章《我的理想之路》,讲述了自己在党的领导教育下的成长历程,文中特别提到了好友钱学森对他的影响和帮助

三、奔赴延安

1937年,"七七"事变后,全面抗战爆发。罗沛霖阅读了《西行漫记》《母亲》等进步书籍,他的心开始倾向共产党。不久上海、南京相继沦陷,对他震动极大。残酷的现实使他对国民党抗日不抱任何希望,他开始感到只有共产党才能够救中国。

1938年2月,他辞去了较高的社会职位来到了革命圣地延安。在那里,他参加了中央军委三局通信材料厂的建厂和初期设计生产工作。过去我军所用电台基本是靠缴获敌人的,但缴获一部完好的电台是很难的。罗沛霖在极其艰苦的条件下,研制电台用的关键部件可变电容,可变电容涉及机械技术,而机械不是罗沛霖的专业,但他刻苦钻研,不停地试验,在很短的时间里就获得成功,而后罗沛霖很快就组织厂里生产了60多部电台送往抗日前线八路军将士的手中,这些电台发挥了非常重要的作用。他还设计制造了一部50瓦的发射台。毛主席得知情况后很受触动,亲自给延安通信材料厂题词:"发展创造力,任何困难可以克服,通信材料的自制就是证明。"

延安通信材料厂旧址——盐店子　　罗沛霖在延安通信材料厂设计的80瓦发报机[①]

在延安还有一件事让罗沛霖难忘:当时延安的生活是艰苦的,朱总司令的生活津贴是每月5元,而他是工程师,受到特别优待,每月是20元。共产党人的优秀品格可见一斑。

 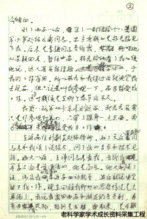

1991年10月20日罗沛霖写的回忆在王诤同志领导下在延安工作的往事手稿

---

① 刘九如 唐静:《行有则 知无涯 罗沛霖传》,上海:上海交通大学出版社,2013年,第68页。

四、重庆"青科协"地下工作岁月

1939年7月,延安面临被马家军、胡宗南和日本人三面夹击的危险处境,党决定通信材料厂缩编,罗沛霖来到了大后方重庆,在那里与组织恢复联系后,他向组织提出了入党要求。董必武等同志开会讨论了他的要求后认为,他作为技术人员,留在党外做统战工作更有其方便之处。

在抗日战争和国共斗争的紧张时期,为了团结广大科技工作者,让他们在抗日民族统一战线和争取和平民主建国的斗争中发挥积极作用,同时也为未来新中国的建设准备人才,周恩来指示重庆地下党筹建了青年科学技术人员协会,简称"青科协",罗沛霖担任青科协企业干事。

罗沛霖来到中央无线电器材厂重庆分厂工作,每周他都去城里秘密开展青科协的工作,他向青年科技人员宣传党的政策,扩大党的影响,同时发展会员。遵照党的指示,罗沛霖等人还开办了一些企业,给地下党员和积极分子提供合法职业,为党的秘密工作提供掩护,还为党赚取活动经费。在革命工作的洗礼下,此时的罗沛霖成熟了,只要是党组织提出的要求,他都全力以赴、用党员的标准去完成。那时罗家已经落破,他就动员岳母拿出不少钱用来为党开办企业。他多次冒着危险为党采购禁销的军用电信器材,用技术手段查找国民党特务电台的方位信号。

1945年,毛主席到重庆与国民党进行和平谈判,在红岩村接见了罗沛霖等青科协负责同志,毛主席对罗沛霖说:"我知道你啊……你的经历丰富,你要多向知识分子介绍在延安的经历,让他们解除对共产党的顾虑嘛!"

1941年皖南事变后,国民党疯狂迫害共产党员和进步群众,青科协的活动转入了地下。1945年抗战胜利后,为了能公开活动,南方局指示在原青科协基础上成立中国建社,罗沛霖成为主要负责人。国民党发动全面内战后,中国建社活动再次转入地下。

五、受党委派去美国留学

1948年赴美留学前与家人合影①

1947年，解放战争开始由战略防御转入战略反攻阶段，胜利的曙光已经出现。党高瞻远瞩，决定派一批青年到海外留学，罗沛霖被派到美国留学。在好友钱学森的鼎力帮助下，1948年9月，罗沛霖带着仅有的党提供的500美元只身赴美。考虑到他曾在美国权威杂志上发表过论文，加州理工学院建议他直接攻读博士学位。带着使命和理想，当时已35岁的他每周用70多个小时刻苦攻读。学习之余，他和原青科协骨干一起促成了中国留美科学工作者协会的成立，他担任了留美科协加州理工学院支会负责人，为动员留美人员回国起了积极作用。

六、抢先一步 迅速回国

1950年6月，朝鲜战争爆发，很快美国就介入了战争。罗沛霖敏锐地意识到必须尽快回国，晚了就可能回不去了。他迅速找到自己的老师，把提前回国的想法告诉了他。在老师的帮助下，他通过了博士论文的口试答辩。

答辩后，罗沛霖以最短的时间登船回国。在回国的船上，罗沛霖完成了博士论文。幸亏罗沛霖动作迅速，他坐的船还没到岸，坐在下一班船上曾和他一起组织"留美科协"的赵忠尧、沈善炯等人，在船到日本时就被美军扣押了，而且他前脚刚刚离开美国，美国联邦调查局的特工就去了加州理工学院，查问他的去向。

1950年8月，罗沛霖终于回到了祖国。很快，他就研制出了E27型无线电台

---

① 刘九如 唐静：《行有则 知无涯 罗沛霖传》，上海：上海交通大学出版社，2013年，第108页。

提供给抗美援朝前线。

两年后，罗沛霖拿到了美国电工、物理和数学专业的哲学博士学位。

七、再次申请入党

从1937年奔赴延安至1950年，罗沛霖追随共产党已经有13年了，无论是在国统区还是在解放区，无论是在国内还是在国外，他都为党做了许多重要工作，党的指示他都不折不扣地坚决执行。1940年第一次申请入党时，出于工作需要，董必武让他做党外布尔什维克，他欣然答应。现在中华人民共和国成立了，他不愿意也没有必要继续做党外布尔什维克了，他急切地想尽快履行组织手续，正式入党。

2001年6月20日《北京日报》发表了罗沛霖的文章《1947年党派我去美国留学、拿学位，准备建设新中国》

1953年为筹建华北元器件厂，罗沛霖赴民主德国考察谈判。图为罗沛霖在柏林斯大林大街留影①

1950年12月4日，罗沛霖在入党申请书上写道："今天，在共产党的领导下，我参加革命事业十三年后，请求党准许我加入组织；使我把自己交给党直接的教育和指导，使我的工作减少错误和曲折；使我的工作，更高度

---

① 刘九如 唐静：《行有则 知无涯 罗沛霖传》，上海：上海交通大学出版社，2013年，第134页。

符合革命进展的节奏;使我的工作,更完全地奉献给无产阶级。"

由于各种原因,他的入党请求没有马上被批准,一直到1956年,罗沛霖终于被批准加入中国共产党,他20年的夙愿终于得以实现,一颗心也终于可以释怀。可见当时入党是多么不容易,老一辈革命者对党的感情让人感动和感慨。

以后几十年,罗沛霖为我国电子科学的发展殚精竭虑,他在微电子、计算机、广播电视、远程雷达、卫星通信、光纤通信等领域为国家做出了重要贡献。

1980年,罗沛霖当选为中国科学院学部委员。

1994年,罗沛霖当选为中国工程院院士。

1995年春节罗沛霖夫妇探望老友钱学森①

1996年青科协的同事再聚首。前排左一为楚云、左二为杨敏如、左四为沈栋臣;后排左起依次是张哲民、杨锦山、罗沛霖

---

① 刘九如 唐静:《行有则 知无涯 罗沛霖传》,上海:上海交通大学出版社,2013年,第40页。

1997年4月罗沛霖夫妇与孙俊人夫妇重游延安。左一为罗沛霖夫人杨敏如，右一为罗沛霖①

1997年4月，罗沛霖夫妇在延安宝塔山顶合影

2001年5月21日《光明日报》发表了罗沛霖的文章《党指引我努力奋斗》。罗沛霖在文章中回忆了自己从1938年追随中国共产党到1950年从美国留学归来后的奋斗历程

罗沛霖在阅读

---

① 刘九如 唐静：《行有则 知无涯 罗沛霖传》，上海：上海交通大学出版社，2013年，第75页。

第二章

在"向现代科学进军"的旗帜下

中华人民共和国成立后,在党的统一规划和领导下,我国的科技事业得以逐步有序发展起来。

1956年是新中国科技发展史上具有里程碑意义的一年。

1956年1月14日,中共中央召开了关于知识分子问题的会议,会上毛泽东号召全党努力学习科学知识,同党外知识分子团结一致,为迅速赶上世界科学先进水平而奋斗。周恩来代表党中央在会上做了《关于知识分子问题的报告》,他向全党和全国人民发出"向现代科学进军"的号召。在强调了科学技术重要性的同时,周恩来认为我国绝大多数知识分子"已经成为国家工作人员,已经为社会主义服务,已经是工人阶级的一部分"。三个"已经"论断,充分表达了党和国家对知识分子的信任和重视。

还是在1956年,党中央主持制定了新中国第一个中长期科技发展规划——《1956—1967年科学技术发展远景规划》。

广大科技工作者在中国共产党的感召和引领下,以赤诚的爱国心和强烈的使命感投身到共和国的建设事业中,他们一往无前地向科学进军,以青春和热血见证并参与了新中国科技事业的成长。

下面这3位科学家,就是在党的知识分子政策的影响下,同在1956年加入了中国共产党。

第一节　陈子元：为共产主义事业贡献出我的一切力量

陈子元，著名核农学家，中国核农学开拓者之一。1991年当选为中国科学院生物学部委员。

一、正直的父母

1924年10月5日，陈子元出生于上海。父亲陈贤本给他起名"子元"，一是因为他是家中的第一个孩子，这是对新生命的祝愿，同时也是对家族未来和自己事业的期待。

陈贤本1900年出生于贫雇农家庭，自幼聪明，小学毕业会考得了全县第一。初中毕业后边工作边学习，26岁的他和别人合资在国内创办首家骆驼绒厂，他负责技术指导和生产管理。后因各种原因，工厂几经沉浮。抗战爆发后，陈贤本因不愿与日商合作，厂房和设备被日商强占，工厂宣布关门停业。

抗战期间，陈贤本利用自己在上海工商界的影响力，冒险开办难民收容所，救济难民，并为前线抗战将士募捐御寒衣物，自己家里也住满了逃难来的亲戚朋友。汪伪政府想让陈贤本出来为日本人做事，他坚决不肯，遂托病辍商从学，以近40岁的年龄入上海大夏大学（华东师范大学前身之一）法学系读书。

陈子元的母亲心地善良，乐于助人。

二、考入大夏大学与父亲做同学

上小学时,《科学画报》这本杂志激发了陈子元对科学的浓厚兴趣,他让父亲从创刊号就开始订阅。通过这本杂志,他知道了竺可桢、赵元任、茅以升等一大批知名科学家的名字。

在上海中学读书时,他怀着一腔爱国热情参加了"讨汪罢课"活动。上学路上他要经过日本占领区,让他感到屈辱和愤怒的是,所有经过那里的中国人都要给日本兵敬礼。他盼望早日把日本鬼子赶出中国去。

1941年9月,在父亲进入大夏大学3年后,陈子元也考入大夏大学化学系。

在父亲的影响教育下,陈子元的9个弟弟妹妹都考入了大学接受高等教育,这在当时实属罕见。

1938年7月在上海中学读书时期的陈子元[1]

1960年10月陈子元(左起第五)在上海家门口与弟弟妹妹合影[2]

---

[1] 李曙白 韩天高 徐进步:《让核技术接地气 陈子元传》,北京:中国科学技术出版社,2014年,第29页。
[2] 李曙白 韩天高 徐进步:《让核技术接地气 陈子元传》,北京:中国科学技术出版社,2014年,第17页。

1961年1月陈子元与父母、弟弟妹妹合影（后排左起：九妹、十弟、陈子元、六弟、八弟）①

三、参加进步学生活动

进入大夏后，陈子元刻苦学习，同时积极参加社团活动。大夏有学生运动的光荣历史，建校不久，党就在学校中建立了党团一体的党团支部。为了扩大党的影响、壮大党的力量，党组织发动党员设法创造条件，建立了一些群众性组织。陈子元参加了两个社团，社团里有几位非常要好的同学，他们就是地下党员，不过当时陈子元并不知情。在社团里，不仅增强了他与同学之间的友谊和感情，更重要的是接触到了共产党的进步思想。在地下党好友的引导和帮助下，他对党有了初步的认识，在党员好友身上，他学到了爱国、进步、帮助弱者等许多可贵的精神和品质，他和那些好友的友谊也保持终生。几十年后，回忆大夏求学的往事，他写道："这段时间并不长，但对我的世界观、人生观和政治观来说，影响极大。尤其是1942年至1943年的短短两年间，经常与一些进步同学、有的是地下党员接触，他们为我以后的人生道路奠定了正确的政治方向……对我的政治思想的影响极大，特别是对中华人民共和国成立后

---

① 李曙白 韩天高 徐进步：《让核技术接地气 陈子元传》，北京：中国科学技术出版社，2014年，第23页。

靠拢组织,争取入党,产生了积极的动力。"

1941年9月陈子元在上海大夏大学读书时的照片①

1943年5月,陈子元(后排右一)与其老师张伟如(前排右二)及同学在上海大夏大学合影②

1944年6月,陈子元在上海大夏大学理学院化学系毕业

1946年4月,陈子元(左)在上海大夏大学理学院与化学系主任陈景琪教授合影③

---

① 李曙白 韩天高 徐进步:《让核技术接地气 陈子元传》,北京:中国科学技术出版社,2014年,第38页。
② 李曙白 韩天高 徐进步:《让核技术接地气 陈子元传》,北京:中国科学技术出版社,2014年,第41页。
③ 李曙白 韩天高 徐进步:《让核技术接地气 陈子元传》,北京:中国科学技术出版社,2014年,第60页。

四、隆重入党

1955年,陈子元获得浙江省先进生产(工作)者称号[①]

中华人民共和国成立后,表现很好、一直积极靠拢党组织的陈子元很早就向党组织递交了入党申请,但当时极"左"思想有些抬头,他被认为是小资产阶级,入党的事一直被搁置。1956年1月,中央召开了知识分子工作会议,周总理说知识分子也是工人阶级的一部分,这才打破了一些极"左"的条条框框。1956年2月9日,他工作的浙江农学院党支部一致通过,报经上级党委批准,陈子元光荣地加入了中国共产党。

在浙江农学院,陈子元是第一个入党的高级知识分子,学校认为这既是他个人的光荣,也体现了党对知识分子的关怀,因此党支部特别邀请了11位教授、副教授参加发展大会,为他举行了隆重的入党仪式。当年4月28日出版的《浙江农学院》院报在第一版头条以"陈子元副教授入党"为题专门报道了此事。在这期院报第二版的"共产党是先进科学家的光荣归宿"大标题下,刊登了陈子元撰写的文章《为共产主义事业贡献出我的一切力量》。在这篇长文里,时年32岁的陈子元全面回顾了自己多年的思想脉络,以及通过学习不断加深对党认识的心路历程,他写道:"解放以后,我看到了共产党的正确领导,看到了不断出现的新气象和奇迹:旧社会遗留下来的经济创伤迅速恢复,物价稳定,人民生活稳定,国家正在实现一个五年计划;祖国的国际地位急速提高。同时我参加了几次社会改革运动,对党逐步有了认识。"

---

① 李曙白 韩天高 徐进步:《让核技术接地气 陈子元传》,北京:中国科学技术出版社,2014年,第73页。

第三部分 党的事业就是我的奋斗方向 211
——科学家入党故事选粹

在文章最后他写道:"现在,我的伟大的理想终于在党的培养和教育下实现了,可是我还只是具备一名候补党员的起码条件,离党和人民对党员的要求还差得很远。但是我有信心在党的领导和培养、同志们的督促和帮助下,努力地以党员标准八项条件来锻炼提高,使自己成为一个优秀的共产党员……我庄严地向党提出保

1956年4月28日第39期《浙江农学院》院报第一版报道了陈子元副教授入党的消息

1956年4月28日第39期《浙江农学院》院报第二版发表了陈子元的《为共产主义事业贡献出我的一切力量》全文①

1956年4月26日的《杭州日报》先期发表了同文

证:我愿为人类最理想、最美好的共产主义事业贡献出一切力量。"

五、中国核农学的重要开拓者

1956年,国家制定了"12年科技规划",规划中提出了12项重点研究项

---

① 李曙白 韩天高 徐进步:《让核技术接地气 陈子元传》,北京:中国科学技术出版社,2014年,第78页。

目，原子能的和平利用被排在第一位。

在这样的背景下，农业科学的研究和应用也开始涉及核辐射技术。当时开展核农学研究是严格保密的，只有又红又专的人才能够进入这个重要领域。加入中国共产党，不仅让陈子元在政治思想上有了飞跃进步，也为他进入核农学领域为国家做出重要贡献奠定了基础。

1956年10月陈子元在浙江农学院给学生上有机化学课①

1958年12月陈子元（后排左三）与浙江农学院党委书记金孟加（后排左四）在上海参观原子能和平利用展览会在上海展览馆前合影②

1959年5月，陈子元在浙江农学院同位素实验室测量放射性样品③

---

① 李曙白 韩天高 徐进步：《让核技术接地气 陈子元传》，北京：中国科学技术出版社，2014年，第81页。
② 李曙白 韩天高 徐进步：《让核技术接地气 陈子元传》，北京：中国科学技术出版社，2014年，第88页。
③ 李曙白 韩天高 徐进步：《让核技术接地气 陈子元传》，北京：中国科学技术出版社，2014年，第101页。

第三部分　党的事业就是我的奋斗方向
——科学家入党故事选粹   213

1959年10月某日，陈子元（左三）与来浙江农学院同位素实验室访问的苏联专家合影。左四为丁振麟院长①

1962年9月陈子元在华家池浙江农业大学农业物理系办公室②

从1958年起，陈子元开始从事生物物理学、核农学的教学和科研工作，是

---

①　李曙白　韩天高　徐进步：《让核技术接地气　陈子元传》，北京：中国科学技术出版社，2014年，第102页。

②　李曙白　韩天高　徐进步：《让核技术接地气　陈子元传》，北京：中国科学技术出版社，2014年，第109页。

中国核农学的开拓者之一。20世纪60年代,他和同事先后利用放射性同位素标记合成15种有机磷、有机氯、有机砷的标记农药。70年代,他主持的"农药安全使用标准"重点攻关项目,获得国家科技进步三等奖。80年代,他主持完成了农业部的"农药对农业生态环境影响的研究"重点项目,获得农业部科技进步三等奖。

1985年陈子元的"农药安全使用标准研究"项目获国家科学技术进步奖三等奖

他在对农业生态环境科学基本理论研究中,率先引进动力学概念,采用示踪动力学教学模型来研究农药及其他农用化学物质在生态环境中的运动规律,为开发农药新型剂与安全使用评价提供了更加完善的理论方法。

六、一个老共产党员的高尚情怀

1985年,国家为了表彰有突出贡献的中青年科学家,决定在全国范围内开展评选"国家有突出贡献的中青年专家"活动。陈子元作为第一主持人的"农药安全使用标准"项目获得国家科技进步奖三等奖,他当选是完全没有问题的。但他为了让后面更年轻的科研人员更快地脱颖而出,遂极力推荐第二主持人当选"国家有突出贡献的中青年专家",表现出他作为一个老共产党员、一个优秀的科学家和一位学科带头人的高尚情怀。

1988年7月1日,陈子元校长在庆祝党的生日会上做报告

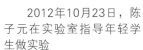

2012年10月23日,陈子元在实验室指导年轻学生做实验

1991年11月,陈子元当选为中科院生物学部委员后,我国另一位早期核农学科带头人徐冠仁在给陈子元的贺信中写道:"您在科学与教育方面均做出了卓越贡献,道德学风也令人敬仰,所以超越群英当选。尤其令人鼓舞的是,您的专长为核农学,这在所有学部委员的专业中是唯一的由我国兴起的学科,它将载入中国的科学发展史。"

陈子元1956年加入中国共产党,从此他把全部精力投入中国核农学事业中,做出了卓越的贡献。面对荣誉,他只简简单单地说:"这是我作为一名中国共产党党员应该做的。"

第二节　吴孟超：与党和人民肝胆相照

吴孟超，我国著名肝胆外科学家，他建立了独具特色的我国肝胆外科理论和技术体系，并使之逐步发展壮大，使我国在该领域的研究和诊治水平居世界领先地位。

一、"延安来电啦"

1922年8月31日，吴孟超出生于福建闽清一个贫苦农民家庭，5岁随母亲赴马来西亚寻父，全家以采橡胶为生。

年龄稍大后，吴孟超开始帮助家里干活，他上午割胶，下午去学校读书，割胶割了整整9年。小学毕业后，吴孟超考入当地华侨开办的光华初级中学。光华中学的校名是孙中山亲自题写的，"光华"意指"光耀中华"。著名爱国华侨领袖陈嘉庚也非常关心这所学校。时任校长来自国内，是位爱国华侨，他身在海外却心系祖国，时常给学生讲述中华民族的悠久历史和灿烂文化，让"国家兴亡，匹夫有责"的思想深深扎根在学生心底。

1937年，卢沟桥的炮声传到了马来西亚，获

在马来西亚读中学时的吴孟超

悉日寇铁蹄践踏我神圣国土、残害我同胞的暴行,当地华侨无不义愤填膺、热血沸腾,他们在陈嘉庚领导下纷纷行动起来,以各种形式声援支援国内抗日前线。吴孟超和光华学子们也积极投入支持抗战的洪流中,作为班长的他组织同学们到处去义演募捐,把募捐所得都交给华侨抗日组织。

从各种渠道不断传来共产党、延安、毛泽东、朱德这些新名词、新人物和国内抗战的消息。1939年夏,吴孟超即将中学毕业,他提议把准备用于毕业聚餐的钱全部捐给在前方与日寇血战的将士,这笔钱通过陈嘉庚转交到了抗日革命根据地延安。不久就传来了让所有人都感觉惊奇振奋的消息:"延安来电啦!延安来电啦!"人们奔走相告。朱德、毛泽东给光华中学发来了感谢电报,电文大意是:"同学们的捐款收到了,你们的爱国热情对抗日军民是一个鼓舞,对你们表示感谢……"落款是两个声震海内外的名字:朱德、毛泽东。这封共产党最高领袖的电报,像是在纷繁动荡时局中吹响的嘹亮号角,激荡在17岁吴孟超的心底,明确了他未来的人生坐标,他想到电报发出的地方去,到延安直接参加抗战去!

二、救治解放上海的解放军战士

1940年,吴孟超和几位同学乘船回到了云南。他们本来想从昆明直接去延安,后来才发现,所有通往延安的道路全被国民党军队封锁了。延安去不了了,无奈之下,吴孟超下决心要用真才实学报效国家。战争让他与家里失去了联系,他只能边打工边读书。他先上了同济附中,高中毕业后考取了同济大学医学院。艰难的生活让他亲身感受到了民族的苦难,目睹了国民党的腐败无能。他越来越强烈地认识到,只有延安的共产党、毛泽东才能够挽救这垂危的民族。

1948年1月29日,同济大学爆发了"反饥饿、反内战、反迫害"的示威游行。吴孟超不仅积极参加示威游行,他还在上海地下党的领导下,勇敢地参与了解救被反动当局逮捕的97名进步学生的行动。

1949年5月,中国人民解放军第三野战军打响了解放上海的战役。18岁从马来西亚回国,吴孟超最初的动机就是到延安投奔"朱毛",参加共产党的抗日队伍,现在这支队伍已经来到自己的身边了,他怎能不激动啊!吴孟超当时正在南京路上的上海中美医院实习,他打开医院的窗户,看到军纪严明、秋毫无犯的解放军战士满身尘土,肤色黝黑,有房不进,一排排整齐地睡在冰凉的马路上,他的心灵受到了强烈的震撼,他更加敬仰这支共产党领导的人民军队,也萌发了加入共产党、成为解放军的一员的强烈愿望。

睡在南京路上的人民子弟兵(图片来自网络)

很快,许多解放军伤员被送到了中美医院,吴孟超和同事立即投入紧张的抢救工作中,整整三天三夜,他没有离开过手术室。从此,他立志一定要当一名外科医生,而且要当一名军医!

不久机会来了,他这个同济大学医学院的高才生,应招来到华东军区人民医院(海军军医大学前身)当了一名外科大夫。

三、19次递交入党申请书

刚到医院上班,他就向党组织递交了入党申请书。但由于他是华侨,他的申请没有马上得到批准,但他毫不气馁,继续一次次提出申请,向组织汇报思想。此后7年间,他向组织连续递交了19份入党申请书。每一份申请书他都写得工工整整,表达了他对党的无比向往和热爱。1956年年初,中央召开了全国知识分子问题会议,党更加重视知识分子在建设国家中的作用。很快,1956年3月,他光荣地加入了中国共产党,同年6月他被批准参军,被授予大尉军衔,两个憧憬了多年的夙愿在这一年同时实现!

四、不断创造生命奇迹的人

入党、参军、提职,喜事连连的吴孟超在恩师裘法祖的指点下,勤奋好学,在普外领域技术突飞猛进,但志存高远、目光敏锐的吴孟超并没有满足已取得的成绩,他闯入了当时在世界上还是荒蛮之地的肝胆外科。在这个领域,他披荆斩棘,刻苦攻关,创立了肝脏"五叶四段"新理论,推动我国肝脏外科从无到有、从弱到强,成为一位世界闻名的肝胆外科的大家宗师。从医60余年来,他创造了无数的生命奇迹,用实际行动诠释了共产党员的真正含义。

1966年,吴孟超为浙江一位工人切除了直径达20多厘米的肝癌肿瘤,术后33年肝癌复发,吴孟超再次为他成功手术,又过了10多年,他仍健康地来看望吴孟超——他成为世界上肝癌手术后存活时间最长的人。

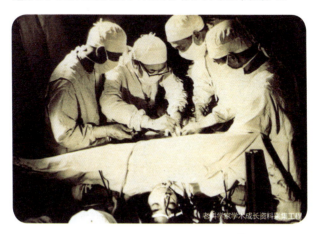

1970年手术中的吴孟超(左二)[①]

---

① 方鸿辉:《肝胆相照 吴孟超传》,上海:上海交通大学出版社,2013年,第152页。

1970年吴孟超（穿白大褂中左一）送别获得新生的患者出院，患者脸上洋溢着幸福和感激

1975年2月8日，在同事大力协助下，经过12小时的手术，吴孟超用精、快、细的"吴式刀法"为安徽农民陆本海成功切下直径达63厘米、重达18千克的肝血管瘤，瘤子是他一个大个子助手用双手捧出来的。

1975年陆本海与救命恩人吴孟超合影

1983年的一天，一对舟山渔民夫妇，抱着四个月名叫娜娜的女儿找到了吴孟超，孩子长了致命的肝母细胞瘤。婴儿肝脏手术是生命禁区中的禁区，吴孟超却凭着精湛的医术成功切除了重一斤二两的瘤子，瘤子体积比婴儿的

脑袋还大,婴儿肝脏完好无损,手术震惊了世界医学界,美联社特为此做了报道。娜娜长大后立志学医,她上了卫校。卫校毕业后,她带着深深的感激和多年的理想,来到17年前给她第二次生命的吴爷爷面前,希望能在吴爷爷身边当个护士。吴孟超很感动,破例给护理部打招呼,就这样,娜娜成为东方肝胆外科医院的一名护士。

1997年,北京外国语学院21岁的女生王甜甜肝上长了个足球大小的血管瘤。甜甜母亲是个下岗纺织女工,她带着甜甜到武汉、广州、北京求医,得到的答复都是要做肝移植,而且手术很危险。家里的钱交不起手术费和药费,死神的阴影笼罩在女孩全家人心上。对生存极度渴望的女孩在媒体上发出求救信,愿"典身"10年给出钱救助她的人。经人介绍,她们来到上海找到了吴孟超。吴孟超仔细研究后决定不做肝移植,就做手术切除肿瘤。2004年9月24日,吴孟超在手术室站了10个小时,不吃一口饭,不喝一口水,为甜甜成功切除了9斤重的肿瘤。女孩后来当了外语教师,5年后,她选择9月24日这个她的再生之日和爱人携手走进了婚姻的殿堂。

2004年10月19日,康复后的王甜甜怀着无比感激的心情给吴孟超和姚晓平等医护人员送上"帅将联手除顽,再现人间肝胆"的匾额来表达内心的感激[①]

---

① 方鸿辉:《肝胆相照 吴孟超传》,上海:上海交通大学出版社,2013年,第298页。

从医70载,吴孟超做了1.6万余例肝胆手术,成功率达98.5%。96岁他还每周做三台手术!

他的手被朱镕基称为"国宝"。20世纪80年代,日本人专程来上海拍这双手术中神奇的手。冬天,他要先将这双手搓热再探查病人,做完检查,他总是习惯地弯腰将病人的鞋摆在最适宜病人下床穿着的位置。由于常年拿手术刀站着为病人做手术,他的双手手指都已变形,但那样的手型拿手术刀最稳,同时他的双脚脚趾也已变形。

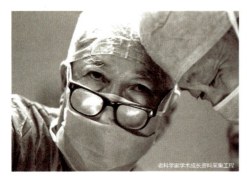

手术中探查病人时吴孟超的眼睛和缝合时的双手①

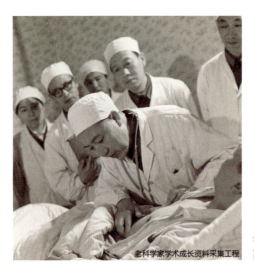

20世纪80年代吴孟超带领学生查房时的情景。他的细心、耐心是学生永远都要学习的

---

① 方鸿辉:《肝胆相照 吴孟超传》,上海:上海交通大学出版社,2013年,第195页。

吴孟超非常注重对后辈人才的培养，中国肝脏外科的中坚力量80%是吴孟超的学生或学生的学生。他挑选学生"德"是首要标准。他曾对学生说，谁要是收病人的钱就永远不要做他的学生。为了鼓励年轻人多出成果，1996年，他拿出自己多年省吃俭用积攒的30多万元和社会各界表彰奖励他的400多万元，建立了"吴孟超肝胆外科医学基金"。

五、推迟国家最高科技奖考核

2005年冬天中的一天，吴孟超被推荐参评国家最高科学技术奖，上级派人来院对他进行考核，确定第二天上午和他谈话。医院考虑这是件大事，就取消了他原定的手术。吴孟超得知后坚持手术不能推迟。考核组的同志不明白这是个什么病人如此重要，下午谈话时就问他上午给谁做的手术，吴孟超说是一位河南的农民，家里很穷，是乡亲们凑钱才来的上海，多住一天院对他们都是负担。考核组的同志听后肃然起敬，深受感动！这个享誉世界的名医把普通患者的生命看得比天还大，把百姓的利益看得高于一切。

2006年1月9日，吴孟超获得国家最高科学技术奖，次日由胡锦涛主席亲自颁奖

六、一心向党、为党旗增辉的忠诚赤子

1991年，吴孟超当选为中国科学院学部委员。

1996年1月7日，中央军委主席江泽民签署命令，授予吴孟超"模范医学专家"的荣誉称号。由中央军委发布命令，授予一位军内知识分子这样崇高的荣誉称号，在我军历史上是鲜见的。

"模范医学专家"荣誉称号奖状

1996年,中央军委授予吴孟超"模范医学专家"荣誉称号,总后勤部部长王克(左)上将亲手为吴孟超佩戴奖章

2011年,胡锦涛主席指示第二军医大学组建吴孟超先进事迹报告团,到全国各地去巡讲,许多听众泪洒现场。

纵观吴孟超的一生,他创造奇迹的根本动力来自他那种爱党爱国爱民的情怀。他对党爱得执着,把为党增光作为最高的荣誉,他说:"一个人,找到和建立正确的信仰不容易,用行动捍卫自己的信仰更是一辈子的事。"他说:"我一生中有过两次宣誓,当医生我是宣过誓的,加入中国共产党我是宣过誓的,宣过誓,就要信守诺言!宣了誓就要为党分忧解难!""文革"期间,吴孟超因为归侨身份,党籍被挂了起来,他为此伤心痛苦,哭过之后他仍然发自内心地爱党信党,仍然坚信自己就是一名共产党员,仍然按时交纳党费,仍然按照党的宗旨和党员的义务做事。因为在他心中,共产党员不仅是个身份,更凝聚着他的信仰、寄托着他的灵魂。

七、天上有颗"吴孟超星"

为了褒奖吴孟超的学术贡献,弘扬其科学精神,国家天文台决定将编号为17606的小行星命名为"吴孟超星"。2010年7月26日,国际小行星中心通知国际社会,第17606号小行星永久命名为"吴孟超星"。

 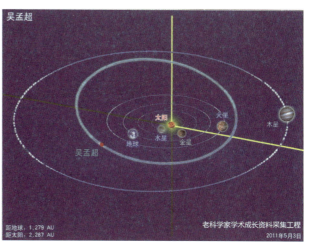

吴孟超小行星命名证书和行星运行轨道示意图

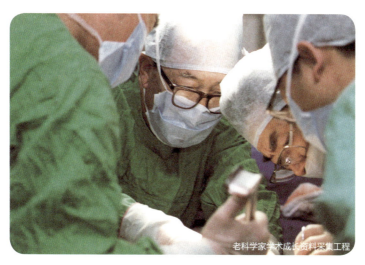

吴孟超（戴棕黑框眼镜者）在手术台上永远年轻

2011年7月1日，吴孟超被中央组织部授予全国优秀共产党员光荣称号。

吴孟超全国优秀共产党员称号证书

2021年5月22日,吴孟超离开了这个世界。

2021年5月27日,王甜甜在悼念文章中这样写道:"2021年5月22日,吴爷爷您永远离开了我们。我最最敬爱的人啊……我敬爱的吴爷爷,您在那边好好看着我,终有一天,我会与您再团聚,再好好抱着您!"

吴孟超,这个真正的共产党人,他更像是一颗恒星,把生命中的所有能量,化为一缕缕阳光,照进肝病患者的心间,重新点亮了他们曾经灰暗的人生。在他身上,我们看到了信党、爱党、跟党走的坚定信仰和对理想的执着追求,他是优秀共产党员的最美诠释!

第三节　杨芙清：党的需要就是我的志愿

杨芙清，计算机软件专家，主要从事系统软件、软件工程、软件工业化生产技术和系统等方面的教学与研究。中国科学院院士。

一、聪慧过人的江南才女

1932年11月6日，杨芙清出生于江苏省无锡县（现无锡市）一个书香门第之家，联想到每年夏天，当地芙蓉花满城飘香，父亲给她取名芙清，希望她聪明美丽、品格出众。杨芙清5岁时，抗日战争爆发，日军进攻无锡时，父母带着全家逃到了上海，杨芙清在上海读了一年书后，又回到无锡继续读书。

当时，无锡的小学生每年都要参加会考，一考就是一天，犹如科举考试，杨芙清的会考成绩年年都是第一。

1945年，杨芙清以优异的成绩考上无锡最有名的女子一中。女子一中的师资水平高，任课老师都有本科及以上学历。杨芙清的第一位数学老师是一位大学的高才生，他对学生的要求很严。一次数学

1945年小学毕业时的杨芙清

考试，由于题难，很多同学不及格，杨芙清不但答对了全部必做题，而且用几种方法把选做题也正确解答了，她得了120分。发卷子时，老师当着全班同学的面夸她是数学天才，从此，她对数学的兴趣更浓了。

杨芙清的第二位数学老师是上海交大的优秀毕业生，他对才思敏捷、成绩优异的杨芙清同样非常欣赏，他对全班同学说："杨芙清的数学学得很好，能当你们的小先生。"从此，"小先生"就经常帮助同学答疑解惑，成了老师的助手。课内的数学知识已经不满足了，她开始涉猎课外的数学书籍，如《温氏几何》《尤氏解析几何》及《野清代数》等著作，都被她借来仔细阅读。除了数学，杨芙清的文科也学得很好，门门功课几乎都是满分。

1948年，杨芙清（后排左一）初中毕业与同学合影留念

1948年9月，品学兼优的杨芙清被保送到女子一中高中部。半年后无锡解放了。

从高一至高三，杨芙清年年都是班长，除了钻研数学，她还参加了冯其庸组织的"鲁迅文学社"，在灿烂的中华文学宝库里汲取营养。

第三部分 党的事业就是我的奋斗方向
——科学家入党故事选粹

1950年4月,杨芙清(前排右一)所在的市女中参加无锡市第一届篮球联赛获胜,德智体全面发展的杨芙清是篮球队的前锋

1951年8月,杨芙清以无锡女中第一名的成绩考入清华大学数学系,1952年国家进行院系调整时,她转到了北大数学力学系。在北大,她刻苦攻读,掌握了分析、解决问题的能力,也培养了严密的逻辑思维能力。1955年,品学兼优的杨芙清考取了北大研究生,她参加了北大计算数学研究室的创建工作。

二、在莫斯科大学聆听毛主席的教导

1957年1月,杨芙清作为我国培养的第一位计算机软件研究生,被派往苏联科学院计算中心学习计算方法。

1951年,刚上大学时的杨芙清

1957年，杨芙清（前排左一）与学习团成员在苏联科学院计算中心门前留影

1957年，杨芙清在苏联科学院计算中心使用箭牌计算机进行计算

1957年，杨芙清（左五）与留苏同学在苏联科学院计算中心晚会上表演小合唱

1957年11月17日,正在苏联访问的毛主席在莫斯科大学礼堂接见了在莫斯科留学的全体中国学生。杨芙清和同学们很早就来到了现场,但还是没有抢到前面的好位置。下午6点,当毛主席一出现,现场骤然响起了极其热烈的"毛主席万岁"的欢呼声和掌声,年轻的中国留学生激动得难以自制。就是在这里,毛主席讲出了那段非常著名的话:"世界是你们的,也是我们的,但是归根结底是你们的,你们青年人朝气蓬勃,正在兴旺时期,好像早晨八九点钟的太阳,希望寄托在你们身上。"

毛主席是那么的和蔼可亲,他像是在和自己家的孩子谈话,风趣幽默,讲话的语调、表情和手势是那么的有感染力。杨芙清和现场所有人一样,被领袖生动而又热情洋溢的讲话深深打动,她暗下决心,绝不辜负毛主席的殷切期望,要为迅速提高国家的计算机水平贡献出自己的全部青春和力量!

1957年,杨芙清与留苏同学在莫斯科大学参观留影。左四为杨芙清

1958年在莫斯科学习期间，与同学们一起郊游合影。前排右三为杨芙清

三、计算机灵魂的设计大师

在苏联科学院计算中心，她第一次编程序，老师出了一个比较难的题目，结果她编的程序上机一次通过，这让老师非常吃惊，一般人编程不可能一次通过。

1958年4月，在计算中心学习的合同期满，其他一起来的人全部回国，国家把表现出色的杨芙清转到莫斯科大学数学系继续学习软件编程，师从苏联著名计算专家舒拉波拉。杨芙清编的程序从不出错，但她没有就此满足。程序设计出来后，检验工作非常烦琐，工作量很大，在导师的鼓励下，她创造性地采用反编译程序的方法来检验程序的正确与否，写出了论文《逆分析程序》。文章发表后，立即引起各国同行的关注，被西方杂

1959年，杨芙清留苏归来后任助教，图为她在使用计算机备课

志誉为"程序自动化早期的优秀之作"。

20世纪70年代初,杨芙清接受了主持研制我国第一台百万次集成电路计算机DJS11机(备案编号150)操作系统的任务。当时,除了西方国家,苏联也对我国进行技术封锁。没有资料,没有图纸,没有任何经验,只有依靠自己。杨芙清先写出了上百条指令文本,相当于总体设计图,硬件组根据指令文本设计硬件。然后她带领软件组用一年时间设计出了整个操作系统,此时硬件还没有研制出来。杨芙清遂带领软件组奔赴大庆油田,利用那里的一部低档机调试操作系统。他们抱着要尽快研制出我国第一台百万次计算机、为祖国和毛主席争气的信念,来大庆前就把庞大的软件数据全部记在大脑里。在大庆,杨芙清他们拼命工作,每天只睡两三个小时。在正常情况下,测试操作系统至少需要半年时间才能完成,杨芙清团队只用了23天就完成了,在国内同行中引起很大震动。1973年7月,我国第一台百万次集成电路计算机研制成功。此前,我国重大工程项目的计算工作都是靠非常简易的计算工具甚至算盘来完成,150机在我国的工业、国防、地质、气象等许多领域发挥了非常重要的作用,创造出了巨大的经济和社会效益。1978年,150机获全国科学大会奖。

不久,杨芙清又参加了更高级的大型机DJS200系列的总体设计,她任240机软件负责人。她首先提出了"层次管程结构模型和PCM设计方法",采用与另两位同事一起开

1980年,参加东京第八届世界计算机大会合影——仲萃豪(左一)、徐家福(左二)、杨芙清(左三)。杨芙清、徐家福、仲萃豪共同设计了系统程序设计语言(XCY),论文在此次大会上发表

发出的我国第一个并发程序设计语言XCY，完成了240机操作系统的设计。中国科学院院士罗沛霖曾高度评价这一成果："DJS200/XT2操作系统全部用高级语言编写，具有国内首创地位，在国际上也无先例……这些成果具有颇为优秀的学术水平和学术价值，有重要的实际应用意义。"这一成果获得电子部科技成果一等奖。

从20世纪80年代初开始，杨芙清作为领导者和首席科学家，主持了历经四个五年计划的重大科技项目——青鸟工程，推出了多代系统。青鸟系统是我国第一个，也是世界上为数不多的大规模综合性软件工程支撑环境，是我国基础软件技术的重大突破和重大成果。

四、比尔·盖茨求见

1993年，美国微软公司总裁比尔·盖茨第一次来中国，此次来中国他很想见两个人，一个是中国科学院院长周光召，另一个就是杨芙清，杨芙清那时已经是闻名世界的计算机软件科学家了。

来中国之前比尔·盖茨曾说，中国不必花大力气发展软件，美国可以低价供应中国所需的一切软件。比尔·盖茨到来后，他参观了青鸟工程，亲自操作了青鸟系统，不得不承认中国的软件业已经达到了很高的水平。

那时候，学生们见到比尔·盖茨还是挺崇拜的，而杨芙清却觉得没什么，她不

1993年12月，美国微软总裁比尔·盖茨第一次访问中国时，特意提出要与杨芙清会见。图为杨芙清（前排左四）陪同比尔·盖茨（前排左三）参观青鸟工程

卑不亢，落落大方，严格按照事先商定的时间表，下午5点准时送客。

五、在北大五四诗会上见到习主席

2014年5月4日，是五四运动95周年纪念日，在北京大学这个五四运动的策源地，北京大学团委组织了"青春中国梦，赤忱五四情——北京大学纪念五四运动95周年青春诗会"，杨芙清和北大同学一起朗诵了毛主席的著名诗篇《沁园春·长沙》和北大同学自己创作的诗《聆听青年》。杨芙清感到非常幸运的是，习近平主席也来到了诗会现场，听了他们的朗诵。朗诵结束后，习主席亲切地接见了杨芙清等朗诵者，称赞他们的朗诵透着自信，表达出了强烈的历史责任感和自豪感。习主席还向他们介绍了毛主席这首诗的写作背景，勉励他们要紧跟时代，既创作出优美的文字诗篇，又创作出壮丽的人生诗篇。

握着习主席那温暖有力的手，杨芙清备受鼓舞，她觉得自己还不老，她还要为实现中华民族伟大复兴的中国梦奋斗下去。

2014年5月4日，杨芙清（左七）在纪念五四运动95周年北京大学青春诗会上朗诵

六、党的女儿永远听从党的召唤

1949年4月23日，无锡获得解放。那时杨芙清16岁，正上高一，共产党来了，社会安定了，她怀着十分快乐的心情参加了很多迎接解放的活动。为了能到毛主席身边去，她选择了报考清华大学。

1952年，来到清华大学后，她对自己在政治上有了要求，她加入了共青团。

1953年，怀着对党深厚的感情，杨芙清向党组织提出了入党申请。为什么要入党？几十年后杨芙清说："就是因为当时中苏关系很好，觉得一个领袖倒下去（斯大林去世），我们这些人都应该站起来，顶起来……为祖国的事业、党的事业去奋斗。那时候很简单，没有别的想法，就是要实现共产主义。"这种朴素的想法在当时很有代表性。

1956年，品学兼优、还在读研究生的杨芙清加入了中国共产党，她在党旗下庄严宣誓：愿为社会主义的科学事业，为共产主义的伟大理想奋斗终生！

1956年，国家提出了12年发展规划，把计算机和半导体列为发展重点之一。当时，国家在计算机方面的人才奇缺。杨芙清原来是学基础数学的，后来国家让她转学计算数学，然后又学程序设计。那时候，在人们的认识上，基础数学是抽象数学，是最高级的，计算数学是低一等的，程序设计就更低一等。几十年后谈到对这一问题的认识，杨芙清说："我当时唯一的想法就是'党的需要'。一个共产党员就要服从党的需要，党的需要就是我的志愿，那你要去做，党需要你去做这个你就要去做这个，而且一定要做好……只要党说的话永远都听，那个时候就是这样，好像那是与生俱来的这种状态。"

1962年，组织打算派杨芙清再赴苏联工作一段时间，那时中苏关系已经恶化，组织告诉她那边的形势比较恶劣，征求她的意见是否可以去，她回答说："我是共产党员，党要我到哪我就到哪……党要我干什么，我就应该干什么。"

研制150机时,她深知这是党和国家急需的项目,争分夺秒没日没夜地工作,先是累出了心脏病,不久气管炎又旧病复发。杨芙清的爱人王阳元同样工作非常繁忙,他们只好把刚几个月的女儿送到爷爷奶奶家,把10岁的儿子放在家里,让他自己照顾自己,孩子小照顾不好自己,冬天天黑得早,黑暗中,他从食堂买了馒头后就吓得往家里跑,邻居还曾看见他吃发霉的馒头。多日不回家的杨芙清夫妇回家后,发现孩子身上长了虱子,难过得扭过头去偷偷抹眼泪……

有人曾问她,如果从科学家、老师、党员、母亲、妻子这些词里选择,最喜欢用哪个词形容自己,杨芙清回答:"党员和老师,首先我是一个共产党员,同时我也是个老师。做好党员是自己终生的志愿、志向,为党的事业奋斗终生……我是一个教师,培养学生首先要培养学生德,会做人才会做事,这是党员的责任……至于说科学家或者说院士,这都是给你的荣誉称号,对你工作的一些肯定……永远要不断创新,不断地完成一个党员应该完成的任务,起到一个党员的先锋模范作用,这样才能够真正做到一个合格的党员。"她的话语真挚朴实,她取得的成就卓越不凡。

1997年杨芙清被评为北京大学1996—1997年度先进党员

2014年5月29日，北京大学学工部邀请杨芙清与同学们畅谈人生之路。杨芙清为同学们题写了"勤奋出天才，务实创大业"

1990年，杨芙清获得国家科技进步奖三等奖。

1991年，杨芙清当选为中国科学院学部委员。

1998年和2006年，杨芙清两获国家科技进步奖二等奖。

2008年，杨芙清获得国家技术发明奖二等奖。

2006年，杨芙清的"基于Internet、以构件库为核心的软件开发平台"获得国家科学技术进步奖二等奖

2008年，杨芙清的"构件化应用服务器核心技术与应用"获国家技术发明奖二等奖

2010年,杨芙清被评为北京大学优秀共产党员标兵。

2010年北京大学优秀共产党员标兵荣誉证书

2010年7月1日,北京大学举行纪念中国共产党成立89周年暨创先争优活动推进大会,杨芙清被评为优秀共产党员标兵。图为颁奖仪式现场照

2021年,杨芙清在"光荣在党50年"纪念章颁发仪式上接受采访时说:"虽然我已经是'80'后,而且快'90'后了,但是我还有一颗年轻的心,我觉得从工作岗位上可以退休,共产党员没有退休,我要继续为党的事业奋斗,为共产主义事业奋斗终生!"

她对党、对共产主义的信仰,老而弥坚!

第三章

在科学的春天里

　　1978年，中国改革开放的开始之年，是新中国具有划时代意义的伟大转折点。这一年，召开了党的十一届三中全会，重新确立了解放思想、实事求是的思想路线，做出了把党的工作重心转移到社会主义现代化建设上来和实行改革开放的战略决策，标志着中国历史进入社会主义现代化建设的新时期。

　　科学技术是生产力，知识分子是工人阶级的一部分，四个现代化的关键是科学技术的现代化，这些论述已经成为全党的共识。

　　科学的春天来了！极"左"思想开始被清除，中国共产党逐步加大了在知识分子中发展党员的力度。

　　蔡启瑞在这一年加入了中国共产党。

　　毛二可在这一年又向党组织递交了入党申请书，6年后也光荣加入了党组织，实现了多年的夙愿。

第一节 蔡启瑞：用百岁人生践行入党誓言

蔡启瑞，我国著名物理化学家，中国分子催化科学研究与配位催化理论的奠基者、开拓者和领军者。中国科学院化学部院士。

一、与化学结缘

1913年12月3日，蔡启瑞出生在福建省同安县（现厦门市同安区）一个穷苦华侨店员家庭，自幼记忆力、理解力超群，学习成绩优秀。1926年2月，蔡启瑞以全班第一名的优异成绩被推荐进入陈嘉庚创办的集美中学学习，在那里，他对化学产生了兴趣。1929年，蔡启瑞以优异的成绩考入厦门大学预科班，1931年入化学系本科班学习。1937年9月，蔡启瑞开始在厦门大学任教。

1931年蔡启瑞从厦门大学预科班毕业留影

二、"我怀念你啊，祖国"

1947年2月，蔡启瑞被中国政府选派到美国俄亥俄州立大学深造，3年后他获得化学领域的哲学博士学位，随后又做了一年结构化学博士后研究。当从各种渠道得知新中国急需各方面的人才来参加社会主义建设后,他想马上回国。

1950年4月6日是厦门大学29周年校庆之日,他从大洋彼岸给厦大发回一封电报:"祖国大地皆春。我怀念你啊,祖国!"短短数言,真情流露出他眷恋故土、矢志报国的心迹。

20世纪50年代在俄亥俄州立大学实验室[1]

不久,抗美援朝战争爆发,他的回国申请被美国政府拒绝,此后他年年递交申请,年年被拒绝,一拒就是6年。1955年,周恩来总理在日内瓦国际会议上对美国当局封锁中国留学生的行径提出了强烈抗议,随后,我国政府又用美军战俘作为交换条件,1956年3月,蔡启瑞等一批中国科学家才终于获准离境。

归心似箭的他迫不及待地订了最近期的船票。在极短的时间里,他日夜整理科研资料和研究成果准备带回国,自己的私事却一点也顾不上处理——汽车不要了、马上到手的工资不要了……当时他的研究成果已经具有重大的应用价值,如果申请专利,他可能成为百万富翁,但他还是放弃了,一心只想赶紧回国。他说:"为了早日回到祖国,我一天也不能等了。"途中,他想得最多的是自己已经人到中年,今后该如何报效祖国。船到广州时,他竟没有回家的路费,向别人借了200元钱才回到厦门。到了厦门,蔡启瑞受到厦门大学校长、厦门市政府有关领导和许多师生的热烈欢迎。

1956年5月,蔡启瑞从美国归来后留影

---

[1] 廖代伟 郭启宗 蔡俊修 黄桂玉:《探赜索隐 止于至善 蔡启瑞传》,北京:中国科学技术出版社,2015年,第45页。

三、自降职称第一人

蔡启瑞回国后短短几个月就取得了不小的成绩。1956年，厦大根据他的资历和学术水平把他定为二级教授。他知道后立即找到系领导，要求把职称降为三级。系领导不同意，他又找到校长，校长说这是集体评议决定的，他说："我的老师资历比我老，贡献比我大，他才三级，我怎么能评二级？最高我也只能定三级。"几天后，在校长办公室布告栏上，一份蔡启瑞写的自降职称的申请报告在全校引起轰动，大家对他都非常钦佩。蔡启瑞是厦门大学有史以来自降职称第一人。1960年，福建省教育厅批准他为二级教授，他又不肯领给他增加的工资。1980年，蔡启瑞被评为一级教授，他又不肯领补发的工资，最后把钱交给系里作为公益金。

四、20年等待入党，忠诚不移

蔡启瑞出身穷苦，这样的出身使他很自然就对共产党领导的新中国充满了热爱和向往，所以他一定要回国为建设新中国贡献自己的力量。回国后几年来的亲身感受更强化了他对党的敬仰之情。1958年，蔡启瑞向党组织提出了入党申请。他在写给党组织的《自传》中回顾了自己的经历和对党的认识过程，其中写道："在大学阶段对共产党产生一些好印象。二万五千里长征和调停西安事变使我认识到这一政党真是一个英雄的爱国的政党。"1960年他又写道："自1958年以来，我就有比较迫切的愿望，要靠拢党组织，争取入党……把争取作为光荣的共产党员作为我的余生奋斗目标。这个时代是一个伟大的时代，而我们的党是这个时代的伟大先锋……只有团结在党的旗帜下，我们才能完成这个时代交给我们的光荣使命。因此，如果我能争取成为一个光荣的共产主义战士，对这个伟大事业贡献出全部余力，那才算得上不负此生。"

虽然还不是党员，蔡启瑞却用入党誓言不断激励自己在科研道路上奋勇前行，取得了突出的成绩。1962年，他赴北京参加第三届全国政协会议，受到周总理接见。1964年，作为第三届全国人民代表大会代表，他又受到毛主席亲切接见。

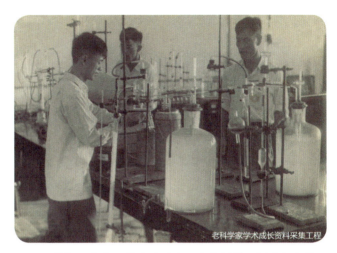

20世纪50年代，蔡启瑞（右一）指导黄开辉（左）等人进行催化实验[1]

1959—1962年，国家经济遇到暂时困难，学校对教授有些特殊照顾，发给他们一些粮票、糖票等，蔡启瑞一张也不肯要。单位领导只好用票买来实物送给他，他还是不要。他把这些东西送给了学生和青年教师，并且说："我虽然不是共产党员，但应该像共产党员那样严格要求自己。"

20世纪70年代末与助手们讨论工作

20世纪70年代末在固氮酶化合物合成实验室指导实验

---

[1] 廖代伟 郭启宗 蔡俊修 黄桂玉：《探赜索隐 止于至善 蔡启瑞传》，北京：中国科学技术出版社，2015年，第58页。

1976年，毛主席、周总理先后去世，蔡启瑞在一篇文章中写道："20世纪60年代我在参加全国政协和全国人大时多次见到毛主席和周总理，当时我们都很激动……我崇拜毛主席作为开国领袖的豪迈气魄和英明决策……我十分敬佩周总理卓越的治国和外交才能，以及他推心置腹地团结教育无数知识分子的热情。敬爱的周总理的人格魅力对旧社会过来的知识分子靠拢党组织起了很大作用。"

1978年，当科学的春天重返祖国大地时，65岁的蔡启瑞光荣地加入了中国共产党，他激动得热泪横流，百感交集，彻夜难眠，并且说："我要为祖国多培养人才，多出科研成果，贡献毕生精力。"他欣然赋诗一首：

校园科圃正春天，

桃李百花竞放妍，

一代风骚逊少俊，

攀登我欲效"人肩"。

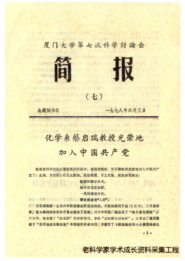

1978年6月3日，厦大简报刊登了蔡启瑞被批准入党的消息和他写的诗

1978年7月14日，《厦门大学校刊》报道了蔡启瑞入党之事

人逢喜事精神爽。从入党这一年开始，蔡启瑞的科学才华像春天绚烂的百花竞相绽放。

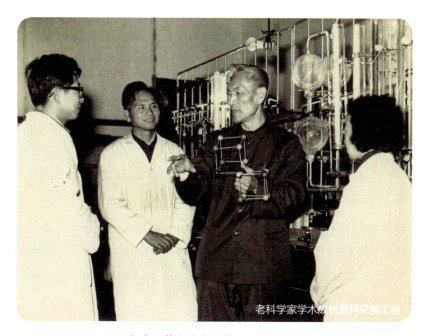

1980年春，蔡启瑞向研究人员阐述学术见解

五、在生死考验面前

正当蔡启瑞满怀激情投入科研工作中时，1979年夏天，他感到胃部剧痛，医院诊断怀疑是胃癌，必须立即手术。多年以后，当时的厦大化学系党总支书记刘正坤回忆此事时仍然印象深刻，她饱含深情地说："在他开刀以前，他要把整个科学院交给的计划、他的想法，要给他们（领导及同事）详详细细地讲。大家说：'你不行啊，你生病不能（讲了）。'他说：'不行，哪怕到半夜，我也要把这个事情都讲完。'后来第二天开刀了，开出来是良性的，哇呀，大家高兴得要命啊。我觉得他是很爱国爱党的……心里想的就是国家大事，我们的工业怎么发展、我们国家怎么发展，特别是我们能源怎么发展，他一天到晚想的就是这个事。"

六、三获国家自然科学奖

回国最初几年，蔡启瑞在离子晶体极化现象等系统理论研究方面取得了相当的成就。当看到我国的化学工业和炼油技术还十分落后时，已到中年的他毅然将自己的研究重点转到了催化化学领域，创建了中国高校第一个催化教研室，成为我国这一领域的奠基人和领军者，取得了大量科研成果，为国家培养了一大批有理论基础和实践经验的催化研究人才。

1980年，蔡启瑞当选为中国科学院学部委员。

1982年7月，他作为第一完成人的"络合催化理论的研究"项目获国家自然科学奖三等奖。

1988年8月，他作为第一完成人的"在固氮酶作用下和铁催化剂作用下固氮成氨的研究"项目获国家自然科学奖三等奖。

1995年12月，他作为第一完成人的"合成气制乙醇催化机理的研究" 项目获国家自然科学奖三等奖。

国家自然科学奖获奖要求是成果应具有世界先进水平或达到世界水平。

1982年、1988年、1995年三获国家自然科学奖。图为获奖证书

七、四次被评为全国劳动模范

党和人民对蔡启瑞取得的成就给予了充分的肯定。

1977—1979年，蔡启瑞连续3年被评为全国劳动模范，1984年他再次被评为全国劳动模范。4次被评为全国劳动模范，实为罕见。

蔡启瑞1979年获得全国劳动模范称号的证书

大约是20世纪80年代，蔡启瑞荣获厦门市劳动模范后留影

八、两捐何梁何利奖金

1999年4月，蔡启瑞获得何梁何利基金科学与技术进步奖，奖金20万港币。拿到奖金家都没回，他就直奔厦大化工学院，提出要捐出奖金，用于引进人才。当时蔡启瑞工资也不太高，一家六口人还挤在一间房子里，爱人正在生病，需要很多钱来治病。院领导商量后决定先把这笔钱以他的名义存起来，以备他急用，后来领导又把钱还给了他。2013年5月，蔡启瑞在医院病床上再次向学院捐赠这笔奖金，连本带息共计人民币21.6万元。

1999年10月21日，蔡启瑞获得何梁何利基金科学与技术进步奖

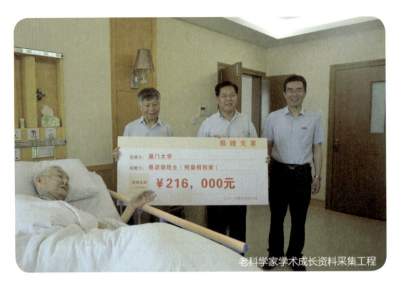

2013年6月30日，蔡启瑞在病床上将何梁何利基金奖本息21.6万元全部捐出

九、两次骨折

2000年6月19日，为了推动两岸的学术交流和了解，本不轻易参会的蔡启瑞在87岁时，应邀参加了台北举办的催化学科学术会议。当晚他在卫生间摔倒，怕打扰别人休息，便忍着剧痛，在椅子上坐了一夜。第二天一早，他又忍痛来到会场。有关人员发现情况不对，急忙把他送到医院，拍片发现是髋骨骨折。手术固定后，他又要让人扶着去会场，被坚决阻止后，他才不得不回到病房。在回厦门的途中，到香港转机时，许多被感动的香港同行到机场看望他。

台湾同行陆教授动情地说："同行们都非常敬仰老先生的人品和学识，他像一本书，你可以反反复复地读，总会觉得回味无穷。他又像一泓清泉那样透彻，会让你的灵魂得到净化。"

2006年初夏，为了给家乡厦门市翔安区的建设出谋献策，93岁的蔡启瑞乘车一个多小时前往翔安实地考察，然后与当地领导一起座谈。中午返回家后，他因劳累过度站立不稳，在客厅摔倒，被诊断为腕关节和股骨颈同时骨折。这是他第二次骨折。

十、一代大德　高山仰止

蔡启瑞用百岁人生践行了自己的入党誓言。在科学上他为国家做出了卓越贡献，领军我国催化研究55年，九十七八岁还拄着拐杖来他最爱的实验室指导工作，他一生的作为成为世人楷模，他让职称、让住房、让名让利、让官衔，甚至要求同在厦大工作的儿子把去美国深造的机会让给别人。

历次运动中，蔡启瑞都没有受到冲击，主要原因有三点，一是因为他对党、对新中国的感情真挚深厚，这在厦大是出了名的；二是他的科研成果为国家做出了很大贡献，他受到各界人士普遍尊重；三是他为人忠厚、和蔼可亲，对前辈、对同事、对学生都是尊重体贴，热心帮助，与人为善。他一生没有敌人。

前几年，蔡启瑞的学生田昭武院士在一段回忆与蔡启瑞一起出差经历的视频中讲道："有一件事情我真是非常感动，（一次出差）我跟他一起睡，半夜觉得他床铺有一点动静，他先起来了，起来到洗手间。我也没有睡，我就等他，怎么搞的，他上洗手间很长时间没有出来，我觉得会不会有什么问题啊，去洗手间这么久！一看哪，洗手间的门掩着，虚掩在那个地方，能看到里面的灯光，我一叫蔡先生，他门一开，原来在里面看书。为什么？这给我教育很大，因为我是他的

1986年与卢嘉锡、田昭武院士交谈。左一：卢嘉锡，左二：蔡启瑞，右二：林尚安，右一：田昭武

学生,我比他年轻,他半夜起来想看书,又怕妨碍到我,所以就宁可自己在洗手间看书。连一个学生、一个年轻人,他都这么照顾,这么考虑……"说着说着,田昭武老先生泪流满面,边擦眼泪边哽咽。蔡启瑞的另一位学生也说:"他对学生比对自己家人还好,我非常感动这点……"也是哽咽得说不下去了。

蔡启瑞在阅读

1999年3月5日,在厦大化学系做"今日化学"系列讲座

蔡启瑞一生无比崇敬周总理,他是学习周总理崇高精神的典范。

蔡启瑞的亲密合作者、1955年的学部委员唐敖庆给蔡启瑞题词赞曰:"学如行云流水,德比松劲柏青。"

2013年4月6日,厦门大学在92周年校庆庆典上,将首次设立的厦门大学最高奖"南强杰出贡献奖"颁给了蔡启瑞。颁奖词说:"蔡启瑞先生,中国科学院院士,德高望重的物理化学家、分子催化专家。在他心里,国家民族为重,个人利益为轻,为了祖国的召唤,他执意回国,为了国家的需要,他毅然转行。催化学科,他是奠基人;物化研究,他是引领者……他为人平和,谦逊有礼,如清泉般透彻。他以身作则,提携后辈,像泰山般厚道。古人赞曰'仁者寿',先生以百岁的实践证明古人之云然也!"

2016年10月3日,蔡启瑞安详辞世,享年104岁。

他走了,人们说,很难再有像他那样的人了!

第二节　毛二可：党的事业就是我的奋斗方向

毛二可，中国工程院院士，著名雷达专家。他在我国雷达动目标显示、动目标检测和脱靶量检测系统方面取得了重要成就，在雷达杂波抑制和新体制雷达研制方面获得了许多开创性成果，为我国国防科技事业做出了卓越贡献。

一、战争阴影下的童年

1934年毛二可出生于北京。为了生活，毛家多次搬迁，1937年，全家来到重庆沙坪坝定居。7月7日，卢沟桥事变爆发，中华民族进入全面抗战时期。从1938年2月开始，日本轰炸机对战时首都重庆开始了长达5年半的大轰炸，给重庆人民带来了深重的苦难。一天晚上，外面突然拉响了防空警报，幼小的毛二可和家人没有来得及进防空洞，就躲在了一棵大树下，他亲眼看见日本飞机带着恐怖的轰鸣声从头顶上空飞过，地面探照灯光柱追扫着飞机，随后就传来炸弹剧烈的爆炸声、高射炮和机枪的射击声，以及飞机坠落时划破天际刺耳的呼啸声。这一幕让年幼的毛二可感到非常恐惧。不久，在一次轰炸中，一颗炸弹直接落在了毛二可家里，房屋瞬间被夷为平地，万幸的是家中无人。一家人只好躲避到重庆乡下，那里日本飞机去得少。

日军的残暴并没有使中国人民屈服。当时重庆人民的抗战热情高涨，大街小巷到处都能听到抗战的歌声，毛二可也经常和小伙伴们一起唱《义勇军进行曲》和《松花江上》等歌曲。唱着这些激昂又悲愤的歌曲，毛二可那时便意识到，虽然中国还贫穷落后，但只要中国人民团结起来，就一定能把侵略者赶出中国去，爱国强国的种子在他幼小的心里埋下了。

二、第一份入党申请书

1951年，毛二可从重庆南开中学毕业后考入华北大学工学院（现北京理工大学）。华北大学工学院是一所有着光荣革命传统的学校，它的前身是延安自然科学院，是中国共产党创办的第一所理工科大学。

学校实行供给制，不仅免去了学生的食宿费用，每年还给每个学生发一套棉衣干部服，两套单衣干部服，每个月还有6元钱的补助。中华人民共和国刚成立不久，一切百废待兴，党和国家在教育上投入巨资为学生提供这样优厚的待遇，这在当时是绝无仅有的。

早在重庆解放时，毛二可就对革命队伍充满向往，但过去在中学时年纪还小，总觉得自己还是个老百姓，现在来到党创建的第一所大学，老师从各方面关心着新同学，来自革命老区的老同学对新同学也很热情。党团组织不但在生活上体贴照顾，同时也非常重视对学生进行政治思想教育和延安精神的传承。毛二可在新学校里学习生活得非常愉快，他有了参加革命队伍的感觉，

20世纪50年代的标准照

20世纪50年代在大学与同班同学合影。左二为毛二可

他对党的认识和感情不断加深，他意识到自己是国家的人，党和国家培养着自己，自己有责任好好学习，将来好报答党和国家。

在党团组织的教育下，在保尔英雄事迹的感召下，毛二可在思想政治上有了明显进步，他积极参加党组织和团组织的活动。1952年6月，他成为班上第一个加入共青团的学生。团小组成立后，组织的活动很多，他经常和其他团员一起认真学习毛主席的著作，读刘少奇的《论共产党员的修养》，给组织写思想汇报，他立下誓言："要像保尔所说的那样，把自己的一生贡献给人类最崇高的事业，为无产阶级的解放而奋斗。"他积极靠近党组织，争取做一名共产党员。

1952年，学校转为国防院校，毛二可的专业由电机转为雷达专业。1953年，19岁的他向党组织递交了第一份入党申请书，在申请书中他写道："党的事业就是我的奋斗方向。为了党的事业，我愿贡献出自己的一切。"

政治上积极要求进步的同时，毛二可在学习上抓得也很紧，学习成绩非常优秀。1953年，他被评为北京市三好学生。做毕业设计时，他和几位同学完成了我国第一个电视实验发射系统的设计和制作，业内专家给予高度评价。毕业后他留校任教。

三、历经坎坷　不忘初心

由于家庭出身的问题，毛二可想要入党是非常困难的，这一点他自己非常清楚，但他仍然一次次地向党提出入党申请，并且按照党员的要求做自己应该做的事。他说："按照党员的方向努力，生活才有意义。"他每天加班加点努力工作，但仍然不受信任和重视，他不能参加主要国防科研项目。尽管如此，他还是与志同道合的同事坚持搞科研，他对同事说："党的事业需要发展科学技术，我们搞科研没有错。"

"文革"期间，他父亲的问题严重升级，家庭受到冲击，他自己也被当成白专的典型，被贴了大字报点名批判。他承受着很大政治压力和生活压力，但对祖国对党的信念没有丝毫动摇，他掷地有声地说："我跟党走的决心不变!"他把党组织当作亲人,有什么心里话都向组织讲。他把注意力放在钻研自己喜爱的业务上以减轻心理上的压力。老院长魏思文了解他的情况,经常给他讲道理,鼓励他正确对待这些事,这让他内心感到温暖。

沧海横流方显英雄本色。1964年,面对苏联对我国施加的巨大军事压力,中共中央决定建造我国第一代远程大型相控阵预警雷达系统。毛二可因为家庭成分问题,没能加入雷达项目组,但他一直通过其他同事密切关注着项目的进展情况。1967年,相控阵雷达的相位测量和控制系统的研制遇到了困难,整个雷达研制陷入僵局。眼看国家重要工程研制受阻,毛二可忧心忡忡,他顶着可能再次被批判的巨大压力,主动承担了雷达中的重要测试仪器"高频相位计"的研制。凭借手中仅有的一本国外相关资料,他攻克了一道道难关,经过两年的艰苦奋战,1968年,"高频相位计"终于研制成功!这一关键技术直接推动了我国第一部相控阵预警雷达7010雷达的顺利研制。1978年,7010雷达获全国科学大会奖。后来,毛二可回忆此事时说:"当时支撑我们的,是战斗在国防科研战线的千百万科研人员的共同信念,那就是祖国的国防事业高于一切!"

四、科学的春天里再写入党申请书

1978年,改革开放迎来了科学的春天,毛二可的心情特别舒畅,他终于彻底卸掉了沉重的精神压力和包袱,他再次给党组织写了入党申请书。在申请书中他写道:"在这个伟大的事业中,我要求成为一个先锋战士,把自己的一生贡献给这伟大的事业。"

"拼命干,把过去动乱年代耽误的

20世纪80年代初毛二可在课堂讲授雷达课程

时间夺回来"，这是他和他领导的课题组同事们共同的心声。家庭负担仍然繁重，但柔弱外表下的毛二可内心却是无比坚韧，他以常人难以想象的热情投入工作中。仅1982年这一年，毛二可就三获国家发明奖。

20世纪80年代毛二可在实验室里工作

五、终生难忘的一天

1984年6月23日是毛二可终生难忘的日子，从1953年他第一次写入党申请书，经过31年的期盼、31年的考验、31年的等待，这一天，已经年过半百的他终于实现了自己的夙愿，党终于接纳了这个忠诚赤子。在党员发展会上，他激动得声音哽咽，几次中断发言，在场的人无不动容。

1984年7月1日这一天，全系隆重召开了庆祝党的63岁生日大会，毛二可和其他新党员一起举行了入党宣誓仪式，宣读着庄严的入党誓词，毛二可心潮澎湃，他下定决心，此生永远跟党走！

1984年7月1日的《北京日报》报道了毛二可申请入党31年终被批准入党的激动心情，以及此前他一直按照党员的标准要求自己、克服一切困难为国奉献的事迹

第三部分　党的事业就是我的奋斗方向
——科学家入党故事选粹

毛二可入党的事引起了北京市的重视，1984年7月1日，《北京日报》以"三十年夙愿实现　副教授毛二可入党"为题专门报道了此事。

六、把一切献给祖国的雷达事业

入党后，毛二可把对党和祖国的挚爱全部融入了教学和科研中。60岁以前，一年365天，他只是在大年初一休息一天。他长期忍受电磁辐射，累计上机上千小时。他曾经因为疲劳不慎触碰上千伏的高压电，手上被击出一条3厘米长的口子，顿时鲜血涌流，他自己悄悄简单包扎好后又投入工作。

1985年10月20日，《北京工业学院校报》以"党的事业就是我奋斗的方向——记五系共产党员副教授毛二可"为题报道了毛二可的先进事迹

20世纪80年代初，航天某单位主持开发中国第一型毫米波导引头，雷达所负责其中的信号处理分系统。图为毛二可在河北易县参与该系统的机载试验。（来自《乒乓知识》2017年6期）

1991年3月31日的《北京日报》报道了毛二可献身国家的雷达事业、十余年每天加班加点牺牲个人健康，不断取得重要科研成果的感人事迹

几十年来，毛二可陆续提出了多种新体制雷达的研制方向，研究成果已经应用在国防一线。

成果出来了，虽然他是主要发明者，但他总是把别人的名字放在前面。他说："事要多干，名不能突出。"

毛二可获得国家发明奖一等奖的矢量脱靶测量技术，测量范围和精度比国外高10倍以上，应用于我国海陆空多项重大导弹武器的实验鉴定，并成功推广应用于"神舟"和"天宫"航天器的交会对接，他成为我国全时空雷达的开创者。为了完成国家这一重要国防项目，时年已60多岁的毛二可院士带病和课题组成员一起转战在实验室、靶场和海军实验基地。颠簸的测量靶船上夏天暴晒，冬天表面结着冰坨，毛二可和年轻人一起在船上并肩奋战，经过8年时间的艰苦努力，才圆满完成了研制任务。任务完成了，人们忽然发现，毛二可似乎像变了一个人：他明显苍老了，满脸的皱纹，一头的白发，原本笔直的脊柱变弯了，他的胃病更重了。

60余年来，他带领团队获得了国家发明奖一等奖1项，二等奖2项，三等奖2项，四等奖1项，部级奖和其他奖多项。

第三部分　党的事业就是我的奋斗方向　　261
——科学家入党故事选粹

"无线电矢量脱靶量测量技术与
应用"国家发明奖一等奖证书

2006年6月23日，在毛二可院士及其创新团队先进事迹报告会上手捧"国防科技
工业优秀科技创新团队"奖牌留影。左为毛二可

个人的时间、金钱、健康,毛二可都舍了,唯有党的事业在他心中重如泰山,雷达就是他的全部生命和欢乐。

1989年,毛二可被国务院授予全国先进工作者称号。

1991年,毛二可被评为北京理工大学优秀共产党员。

2006年,毛二可先后被评为北京市和全国优秀共产党员。

1991年北京理工大学优秀共产党员证书和证章

2006年北京市和全国优秀共产党员证章

2007年,作为党的十七大代表,毛二可在会议现场投票

在回顾自己几十年的奋斗历程和对人生、理想的感悟时,毛二可说:"在我的教学科研生涯中,不管是艰苦的科研条件还是社会风气的考验,无论是顺境还是逆境,我始终都把理想和信念锁定在'党的事业是我的奋斗方向'的誓言上,我的个人梦始终与中国梦、北理梦相伴,这是激励我在任何困难条件下坚持下来的动力源泉。"

结　语

　　回首百年，风雨兼程；瞻望前路，砥砺前行。百年来，广大科技工作者一心向党、努力奋进，积极投身民族解放和民族复兴伟大事业，铸就了以爱国、创新、求实、奉献、协同、育人为核心的科学家精神。当前，在中国共产党的领导下，全社会已经形成尊重知识、崇尚创新、尊重人才、热爱科学、献身科学的浓厚氛围，共同承担建设世界科技强国的时代使命，走上中华民族伟大复兴的"新长征"。在全面建设社会主义现代化国家的新征程上，让我们紧密团结在以习近平同志为核心的党中央周围，以习近平新时代中国特色社会主义思想为指导，迎难而上，开拓进取，为建设世界科技强国汇聚磅礴力量，为实现第二个百年奋斗目标、为实现中华民族伟大复兴的中国梦而不懈奋斗！